Libérese del pasado

LIBÉRESE DEL PASADO

J. KRISHNAMURTI

Primera edición: mayo de 2008
Segunda edición: marzo de 2010
Sexta edición: agosto de 2023

Título original: *Freedom from the Known*

Traducción: F. K. L.

Revisado por: Ángel Herraiz

Diseño de cubierta: Rafael Soria

© Krishnamurti Foundation Trust Ltd., Londres, 1969, English version

La presente edición en lengua española se publica bajo licencia de la Krishnamurti Foundation of America (KFA), www.kfa.org, e-mail: kfa@kfa.org, y la Krishnamurti Foundation Trust Ltd. (KFT), www.kfoundation.org, email: kft@brockwood.org.uk, con la Fundación Krishnamuri Latinoamericana (FKL), apartado 5351, 08080 Barcelona, España, www.fkla.org, e-mail: fkl@fkla.org.

De la presente edición en castellano:
© Distribuciones Alfaomega S.L., Gaia Ediciones, 2008, 2018
   Alquimia 6 - 28933 Móstoles (Madrid)
   Tel.: 91 617 08 67
   www.grupogaia.es - e-mail: grupogaia@grupogaia.es

Depósito Legal: M. 23.070-2013
I.S.B.N.: 978-84-8445-226-3

Impreso en España por: Artes Gráficas COFÁS, S.A. - Móstoles (Madrid)

Cualquier forma de reproducción, distribución, comunicación pública o transformación de esta obra solo puede ser realizada con la autorización de sus titulares, salvo excepción prevista por la ley. Diríjase a CEDRO (Centro Español de Derechos Reprográficos, www.cedro.org) si necesita fotocopiar o escanear algún fragmento de esta obra.

Índice

Págs.

1. La búsqueda del hombre. La mente torturada. El enfoque tradicional. La trampa de la respetabilidad. El ser humano y el individuo. La lucha de la existencia. La naturaleza básica del hombre. La responsabilidad. La verdad. La autotransformación. Disipación de la energía. Liberarse de la autoridad 11

2. Aprendizaje de nosotros mismos. Sencillez y humildad. El condicionamiento 23

3. La consciencia. La totalidad de la vida. El darse cuenta 31

4. La persecución del placer. El deseo. La perversión por el pensamiento. La memoria. El gozo 36

5. El interés por uno mismo. El ansia de posición. Los temores y el temor total. La fragmentación del pensamiento. El fin del temor 41

6. La violencia. La cólera. Justificación y condenación. El ideal y la realidad 51

7. Las relaciones. El conflicto. La soledad. La pobreza. Las drogas. La dependencia. La comparación. El deseo. Los ideales. La hipocresía 60

Págs.

8. La libertad. La rebelión. La soledad interna. La inocencia. Vivir con nosotros tal como somos 69

9. El tiempo. El dolor. La muerte 74

10. El amor 81

11. Observar y escuchar. El arte. La belleza. La austeridad. Las imágenes. Los problemas. El espacio 90

12. El observador y lo observado 97

13. ¿Qué es el pensar? Las ideas y la acción. El reto. La materia. El origen del pensamiento 101

14. El peso del ayer. La mente serena. La comunicación. La realización. La disciplina. El silencio. La verdad y la realidad 107

15. La experiencia. La satisfacción. La dualidad. La meditación 113

16. La revolución total. La mente religiosa. La energía. La pasión 119

Este libro se escribió por sugerencia de Krishnamurti, y fue aprobado por él. Las palabras que contiene fueron seleccionadas de varias de sus recientes charlas en inglés, grabadas en cintas magnetofónicas e inéditas, las cuales pronunció ante auditorios de distintas partes del mundo. La compilación y el orden en que están presentadas son de mi responsabilidad.

MARY LUTYENS

1

*La búsqueda del hombre - La mente torturada -
El enfoque tradicional
La trampa de la respetabilidad - El ser humano y el individuo
La lucha de la existencia - La naturaleza básica del hombre
La responsabilidad - La verdad - La autotransformación
Disipación de la energía - Liberarse de la autoridad*

A lo largo de todos los tiempos, el hombre ha buscado algo más allá de sí mismo, más allá del bienestar material —lo que llamamos verdad, Dios o realidad, un estado sin temporalidad—, algo que no pueda ser perturbado por las circunstancias, por el pensamiento o por la corrupción humana.

El hombre se ha planteado siempre el interrogante: ¿Qué significa todo esto? ¿Tiene la vida algún significado? Ve la enorme confusión de la vida, las brutalidades, las revoluciones, las guerras, la división interminable en las religiones, ideologías y nacionalidades, y con un sentimiento de continua y profunda frustración, se pregunta: ¿Qué ha de hacer uno? ¿Qué es lo que llamamos vivir? ¿Hay algo más allá?

Al no encontrar esa cosa desconocida con miles de nombres que siempre ha buscado, ha cultivado la fe, fe en un salvador o en un ideal, pero la fe invariablemente engendra violencia.

En esta batalla constante que llamamos vida, tratamos de establecer un código de conducta de acuerdo con la sociedad en la que hemos crecido, ya sea una sociedad comunista o una supuesta sociedad libre. Aceptamos una norma de conducta, que es parte de nuestra tradición como hindúes, musulmanes, cristianos o lo que seamos. Recurrimos a alguien para que nos diga cuál es la conducta correcta o equivocada, cuál es el pensamiento recto o errado, y siguiendo este patrón nuestra conducta y nuestro pensamiento se vuelven mecánicos y nuestras respuestas automáticas. Podemos observar esto muy fácilmente en nosotros mismos.

Durante siglos hemos sido tratados como párvulos por nuestros maestros, autoridades, libros y santos de nuestra devoción. Les pedimos que nos hablen de todo esto, les preguntamos por lo que hay más allá de las colinas, de las montañas y de la Tierra, y quedamos satisfechos con sus descripciones, lo cual quiere decir que vivimos de palabras, y que nuestra vida está vacía y hueca. Somos gente de segunda mano. Hemos vivido de lo que nos han dicho, ya sea guiados por nuestras inclinaciones, nuestras tendencias, o compelidos a aceptarlas por las circunstancias y el medio ambiente. Somos el resultado de toda clase de influencias, no hay nada nuevo en nosotros, nada que hayamos descubierto por nosotros mismos; nada original, prístino, claro.

A través de la historia de la teología, nos han asegurado los líderes religiosos que si ponemos en práctica ciertos rituales, si repetimos ciertas plegarias o mantras, si vivimos conforme a determinados patrones, si reprimimos nuestros deseos y si controlamos nuestros pensamientos, sublimamos las pasiones, moderamos los apetitos y refrenamos los deseos sexuales encontraremos, tras suficiente tortura de la mente y del cuerpo, algo más allá de esta mezquina vida. Es lo que millones de los supuestos religiosos han hecho a lo largo del tiempo, ya sea en aislamiento, internándose en el desierto o en las montañas, o en una cueva, o vagando de pueblo en pueblo con una escudilla de mendicante, o bien en grupos, viviendo en un monasterio, forzando sus mentes a seguir un modelo establecido. Pero una mente torturada, una mente abatida, una mente que desea escapar de toda aflicción, que ha renunciado al mundo exterior y se ha endurecido por la disciplina y el conformismo, tal mente, por mucho que busque, sólo encontrará aquello que esté de acuerdo con su distorsión.

Así pues, para descubrir si realmente hay algo más allá de esta existencia ansiosa, culpable, temerosa y competitiva, me parece que debe uno enfrentarse a ella de una forma por completo diferente. El enfoque tradicional consiste en partir de la periferia hacia el centro, y con el tiempo, con la práctica de la renunciación, seguir gradualmente hasta alcanzar esa flor interna, esa belleza y ese amor interno; en realidad, hacer todo lo que pueda volver a uno limitado, falso y mezquino; ir poco a poco; tomar tiempo; dejarlo para mañana, para la próxima vida. Y cuando al fin llega uno al centro, descubre que ahí no hay nada, porque la mente se ha vuelto incapaz, torpe e insensible.

Habiendo observando este proceso, uno se pregunta: «¿Es que no hay un enfoque del todo diferente?». Es decir, ¿no es posible irrumpir súbitamente desde el centro?

El mundo acepta y sigue el enfoque tradicional. La causa principal del desorden en nosotros mismos es la búsqueda de la realidad prometida por otros. Seguimos mecánicamente a quien nos asegura una vida espiritual confortable. Es de lo más extraordinario que aunque la mayoría de nosotros nos oponemos a la tiranía y a la dictadura política, internamente permitimos que la autoridad, la tiranía de otro nos deforme la mente y nuestra manera de vivir. De modo que si rechazamos por completo, no intelectualmente, sino realmente toda supuesta autoridad espiritual, todas las ceremonias, rituales y dogmas, ello significa que nos quedamos solos, y en conflicto con la sociedad, y dejamos de ser respetables. No es posible que un ser humano respetable pueda acercarse a esa infinita e inconmensurable realidad.

Usted ha empezado ahora por rechazar algo absolutamente falso —el enfoque tradicional—, pero si lo rechaza como una reacción habrá creado otro patrón en el cual se verá de nuevo atrapado. Si usted se dice a sí mismo, intelectualmente, que este rechazo es muy buena idea, pero no hace nada, no podrá seguir más adelante. Sin embargo, si usted lo rechaza porque comprende la estupidez y la poca madurez de ello, si lo rechaza con gran inteligencia, porque es libre y no tiene miedo, creará una gran perturbación en usted mismo y a su alrededor, pero se habrá salido de la trampa de la respetabilidad. Entonces descubrirá que ya no está buscando. Esto es lo primero que hay que aprender: a no buscar. Cuando buscamos sólo estamos mirando los escaparates de las tiendas.

La pregunta de si hay o no hay Dios, o verdad o realidad, o como quiera usted llamarlo, nunca puede ser contestada por los libros, por los sacerdotes, filósofos o salvadores. Nadie ni nada puede contestar la pregunta, sino usted mismo, y para ello debe usted conocerse. La inmadurez se origina de la total ignorancia de uno mismo. El conocimiento de uno mismo es el principio de la sabiduría.

¿Qué es usted, usted como individuo? Creo que hay una diferencia entre el ser humano y el individuo. El individuo es una entidad limitada que vive en un país determinado, que pertenece a una cultura determinada, a una sociedad determinada y a una religión determinada. El ser humano no es una entidad limitada. Está por doquier. Si el individuo actúa en un rincón determinado del vasto campo de la vida, entonces su acción está por completo desligada del conjunto. Por tanto, se debe tener presente que estamos hablando de la totalidad, no de la parte, porque en lo mayor está lo menor, pero en lo menor no está lo mayor. El individuo es la pequeña entidad condicionada, desdichada, frustrada, satisfecha con sus pequeños dioses, sus pequeñas tradiciones, mientras que un ser humano esta interesado en el bien general, en la desdicha y la confusión totales del mundo.

Los seres humanos somos lo que hemos sido durante millones de años: enormemente codiciosos, envidiosos, agresivos, celosos, impacientes y desesperados, con destellos ocasionales de gozo y afecto. Somos una mezcla extraña de odio, temor y amabilidad. Somos a la vez violentos y pacíficos. Ha habido un progreso aparente desde el carro de bueyes al avión, pero psicológicamente el individuo no ha cambiado en absoluto, y la estructura de la sociedad en el mundo es de su creación. La estructura social externa es el resultado de la estructura psicológica interna de nuestras relaciones humanas, porque el individuo es el producto de la totalidad de la experiencia, conocimiento y conducta del hombre. Cada uno de nosotros es el depósito de todo el pasado. En el individuo está lo humano, que es toda la humanidad. La historia completa del hombre está escrita en nosotros mismos.

Observen con atención lo que realmente está ocurriendo dentro y fuera de ustedes mismos en esta cultura de competencias donde viven con sus deseos de poder, posición, prestigio, nombre, éxito y todo lo demás. Observen los logros de los cuales están ustedes tan orgullosos, la totalidad de este campo que llaman vida, donde toda forma de relación es un conflicto que engendra odios, antagonismos, brutalidad y guerras interminables. Este campo, esta vida, es todo lo que conocemos y siendo incapaces de comprender la enorme lucha de la existencia, la tememos, y buscamos un escape con toda clase de medios sutiles. Y también estamos temerosos de lo desconocido (le tememos a la muerte, le tememos a lo que existe más allá del mañana), de modo que tememos lo conocido y tememos lo desconocido. Esta es nuestra vida diaria. En ella no hay esperanza y, por tanto, cualquier filosofía, cualquier forma de concepto teológico, es meramente un escape de la verdadera realidad de lo que es.

Todos los cambios exteriores producidos por las guerras, revoluciones, reformas, leyes e ideologías han fallado en la transformación de la naturaleza básica del hombre y, por tanto, de la sociedad. Como seres humanos que vivimos en este mundo tan horrible, preguntémonos: ¿Puede terminarse esta sociedad basada en la competencia, en la brutalidad y el temor? ¿No como un concepto intelectual, no como una esperanza, sino como un hecho real, de modo que la mente se vuelva fresca, nueva e inocente, y pueda dar lugar a un mundo totalmente distinto? Esto puede ocurrir solamente, pienso yo, si cada uno reconoce el hecho fundamental de que nosotros, como individuos, como seres humanos, cualquiera que sea la parte del mundo en que vivamos, o la cultura a la que pertenezcamos, somos totalmente responsables de la situación en que se halla el mundo.

Cada uno de nosotros somos responsables de todas las guerras, por la agresividad de nuestras vidas, por nuestro nacionalismo, nuestro egoísmo, nuestros dioses, nuestros prejuicios, nuestros ideales, todo lo cual nos divide. Y sólo actuaremos cuando nos demos cuenta, no intelectualmente, sino realmente —tan realmente como nos daríamos cuenta de que tenemos hambre o de que sentimos un dolor—, de que usted y yo somos responsables del caos y de toda esta desdicha que existe en el mundo porque hemos contribuido a ello con nuestras vidas diarias, y somos parte de esta monstruosa sociedad, con sus guerras, divisiones, horrores, brutalidad y codicia. Sólo dándonos cuenta de esto actuaremos.

Pero ¿qué puede hacer un ser humano, qué podemos hacer usted y yo, para crear una sociedad completamente distinta? Estamos planteando una pregunta muy seria. ¿Se puede hacer algo realmente? ¿Qué podemos hacer? ¿Puede alguien decírnoslo? Hay quien nos lo ha dicho. Los supuestos líderes espirituales, que deberían haber comprendido estas cosas mejor que nosotros, nos lo han dicho, tratando de deformarnos y moldearnos dentro de un nuevo modelo, pero eso no nos ha llevado muy lejos; hombres ilustrados y experimentados nos lo han dicho, y eso tampoco nos ha servido de nada.

Se nos ha dicho que todos los caminos llevan a la verdad —usted tiene su camino como hindú, otro su sendero como cristiano, otro como musulmán, y todos van a parar a la misma puerta—, lo cual es, cuando bien se mira, evidentemente absurdo. La verdad no tiene sendero, pues la realidad de la verdad es que es algo vivo. Una cosa muerta tiene un sendero porque es algo estático, pero cuando usted ve que la verdad es algo viviente, que avanza, que no tiene lugar de descanso, que no está en templo alguno, en la mezquita o en la iglesia adonde ninguna religión, sacerdote o filósofo, nadie nos puede llevar, entonces verá también que esa cosa viviente es lo que usted realmente es: su cólera, su brutalidad, su violencia, su desesperación, la agonía y el dolor en que vive. En la comprensión de todo eso está la verdad, y usted puede comprenderla sólo si sabe observar esas cosas en su vida. Y usted no puede observarlas a través de una ideología o de una pantalla de palabras, a través de esperanzas y temores.

Así, usted ve que no puede depender de nadie. No hay guía, ni maestro, ni autoridad. Solamente está usted, sus relaciones con otros y con el mundo, no hay nada más. Cuando usted se da cuenta de esto, o bien siente una gran desesperación de la cual viene el cinismo y la amargura o bien, al enfrentarse al hecho de que usted y nadie más es responsable del mundo y de usted mismo, por lo que piensa, por lo que siente, por su modo de actuar, toda lástima de sí mismo desaparece. Normalmente nos encanta arrojar la culpa a los demás, lo cual es una forma de autocompasión.

¿Podemos usted y yo, entonces, provocar en nosotros mismos, sin influencia exterior o sin persuasión alguna, sin ningún temor al castigo, podremos provocar en la misma esencia de nuestro ser una revolución total, una mutación psicológica, de manera que ya no seamos brutales, violentos, competidores, impacientes, temerosos, codiciosos, envidiosos y todas las restantes manifestaciones de nuestra naturaleza que han estructurado esta corrompida sociedad donde vivimos nuestras vidas diarias?

Es importante comprender desde el mismo principio que no estoy planeando ninguna filosofía, ni estructura de ideas o de conceptos teológicos. Me parece que todas las ideologías son totalmente idiotas. Lo que importa no es una filosofía de la vida, sino observar lo que realmente ocurre en nuestra vida diaria interior y exteriormente. Si uno observa con mucha atención lo que está pensando y lo examina, verá que todo ello se apoya en un concepto intelectual, y el intelecto no es todo el campo de la existencia; es un fragmento. Y un fragmento por ingeniosamente que haya sido formado, por antiguo o tradicional que sea, sigue siendo sólo una pequeña parte de la existencia, en tanto que nosotros tenemos que tratar con la totalidad de la vida.

Y cuando miramos lo que está ocurriendo en el mundo, empezamos a comprender que no hay un proceso interior y otro exterior; hay solamente un proceso unitario. Es todo un movimiento total, el movimiento interior expresándose a sí mismo como exterior, y lo exterior reaccionando de nuevo sobre lo interior. Ser capaces de observar esto, me parece que es todo lo que se necesita, porque si sabemos observar, entonces todo se vuelve muy claro. Y para observar no se requiere una filosofía ni un maestro. Nadie necesita decirle cómo debe observar. Usted simplemente observa.

¿Puede usted, entonces, viendo todo este panorama, viéndolo de veras, no de forma verbal, puede usted fácilmente, espontáneamente transformarse? Este es el verdadero problema. ¿Es posible provocar una revolución total en la psique?

Me pregunto cuál es su reacción ante tal interrogante. Usted puede que no quiera cambiar; mucha gente no quiere, en especial aquellos que se sienten bastante seguros social y económicamente o que se apoyan en creencias dogmáticas y están satisfechos de sí mismos y de las cosas tal como son o si estuvieran en una forma ligeramente modificada. No estamos hablando de estas personas.

O bien puede que uno lo exprese con mayor sutileza: «Bueno, esto es demasiado difícil, no es para mí». En tal caso se habrá bloqueado usted mismo, habrá cesado ya de inquirir y de nada le servirá seguir adelante. O también puede que diga: «Veo la necesidad de un cambio interno fundamental en mí mismo, pero ¿cómo voy a realizarlo? Por favor, muéstreme el camino, ayúdeme a alcanzarlo». Si usted dice eso, entonces, lo que le interesa no es el cambio en sí, no está realmente interesado en una revolución fundamental; está simplemente buscando un método, un sistema para realizar el cambio.

Si yo fuera lo bastante insensato como para darle un sistema y usted fuera tan insensato como para seguirlo, sólo estaría copiando, imitando, sometiéndose, aceptando. Al hacer esto ha establecido en sí mismo como patrón la autoridad de otro, y de ahí el conflicto que usted tiene con esa autoridad. Usted se siente obligado a hacer tal y tal cosa, porque se le ha dicho que lo haga y, sin embargo, no puede. Usted tiene sus peculiares inclinaciones, tendencias y presiones, las cuales se hallan en conflicto con el sistema que cree que debe seguir y, por tanto, está en contradicción. Así llevará usted una doble vida entre la ideología del sistema y la realidad de su existencia diaria. Al tratar de adaptarse a la ideología, reprime su ser; sin embargo, lo realmente verdadero no es la ideología, sino lo que usted es. Si trata de estudiarse de acuerdo con las ideas de otro, siempre seguirá siendo un ser humano de segunda mano.

Un hombre que dice: «Deseo cambiar, dígame cómo», parece muy fervoroso, muy serio, pero no lo es. Confía en que una autoridad ponga orden en él. Pero ¿acaso puede una autoridad lograr orden interno? El orden que se impone desde fuera siempre engendrará desorden. Usted puede ver esta verdad intelectualmente, pero ¿puede aplicarla realmente de manera que su mente ya no proyecte ninguna autoridad: la del libro, del maestro, de la esposa o esposo, del padre, del amigo o de la sociedad? Como invariablemente hemos actuado dentro del patrón de una fórmula, la fórmula se convierte en ideología y autoridad; pero tan pronto vemos de verdad que la pregunta «cómo puedo cambiar» se constituye en una nueva autoridad, terminamos con la autoridad para siempre.

Vamos a repetirlo otra vez con claridad: veo que yo debo

cambiar por completo desde las raíces de mi ser; ello no puede depender de ninguna tradición porque la tradición ha producido esta tremenda pereza, esta aceptación y obediencia. No me es posible pedir a otro que me ayude a cambiar; ni a ningún maestro, ni Dios, ni sistema, ni creencia, ninguna influencia ni presión exterior. ¿Qué ocurre entonces?

En primer lugar, ¿puedo rechazar toda autoridad? Si puedo, significa que ya no tengo temor. ¿Entonces, qué ocurre? Cuando usted rechaza algo falso que ha estado llevando consigo durante generaciones, cuando arroja de sí un peso de cualquier clase, ¿qué sucede? Usted tiene más energía, ¿no es cierto? Tiene más capacidad, más empuje, mayor ardor y vitalidad. Si no siente esto, entonces no ha arrojado, no ha descartado el peso muerto de la autoridad.

Pero cuando usted lo ha desechado, y tiene esa energía en la cual ya no hay temor en absoluto —temor de cometer un error, temor de hacer o no hacer lo correcto—, entonces, ¿no es esa energía misma la mutación? Necesitamos una tremenda cantidad de energía, y la disipamos con el temor. Pero cuando existe esa energía que surge al liberarnos de toda forma de temor, esa energía misma produce la revolución radical interna. Usted no necesita hacer nada.

Así, usted se ha quedado solo consigo mismo, y ese es el verdadero estado de un hombre que se toma en serio todos estos asuntos; y como no busca ayuda de nadie ni de nada, está libre para descubrir. Y cuando hay libertad, hay energía; y cuando hay libertad no se puede hacer nada erróneo. La libertad es por completo diferente de la rebelión. No existe eso de conducirse bien o mal cuando hay libertad. Usted es libre, y desde esa libertad actúa. Y como consecuencia, no tiene miedo, y una mente que nada teme es capaz de gran amor. Y cuando hay amor, puede hacerse lo que se quiera.

Lo que ahora vamos a hacer, por tanto, es aprender acerca

de nosotros mismos, no de acuerdo con lo que les diga yo o algún analista o filósofo, sino aprender lo que realmente somos, porque si aprendemos sobre nosotros mismos siguiendo la opinión de algún otro, sólo aprenderemos lo que ellos nos digan, no lo que somos.

Habiendo comprendido que no podemos depender de ninguna autoridad exterior para llevar a cabo una revolución total en la estructura de nuestra psique, nos encontramos con la dificultad aún mayor de tener que rechazar nuestra propia autoridad interna, la autoridad de nuestras pequeñas experiencias particulares y las opiniones, conocimientos, ideas e ideales acumulados. Usted tuvo una experiencia ayer que le enseñó algo, y esa enseñanza se convierte en una nueva autoridad, pero esa autoridad de ayer es tan destructiva como la autoridad de hace mil años. Para comprendernos no necesitamos autoridad, ni la de ayer ni la de hace mil años, porque somos seres vivos, siempre avanzando, fluyendo, sin reposar nunca. Cuando nos miramos a nosotros mismos con la autoridad muerta del ayer, fracasamos en comprender el movimiento vivo, la belleza y la cualidad de ese movimiento.

Librarse de toda autoridad, de la suya propia y de cualquier otra es morir a todas las cosas del ayer, para que su mente esté siempre fresca, siempre joven, inocente, llena de vigor y de pasión. Sólo en ese estado puede uno aprender y observar. Y para eso se requiere mucha atención, verdadera atención de lo que está sucediendo en su interior, sin tratar de corregirlo, sin decirse que eso debería o no debería ser así, porque tan pronto usted lo corrige, ya ha establecido otra autoridad, un censor.

Así, ahora vamos a investigar juntos, no como una persona que explica mientras usted lee, y asiente o disiente de ella conforme sigue las palabras sobre la página, sino que vamos a hacer un viaje juntos, un viaje de descubrimiento dentro de los más secretos rincones de la mente. Y para hacer tal viaje debemos ir con poco peso; no podemos ir cargando con opiniones, prejuicios y conclusiones, todo ese viejo arsenal que hemos coleccionado durante los últimos dos mil años o más. Olviden cuanto saben sobre ustedes mismos, olviden todo lo que pensaron sobre ustedes mismos; vamos a partir como si nada supiéramos.

Anoche llovió mucho, y ahora los cielos empiezan a clarear; es un nuevo y fresco día. Abordemos este día como si fuera el único. Empecemos nuestro viaje juntos dejando atrás todas las remembranzas del ayer. Y empecemos a comprendernos por primera vez.

2

Aprendizaje de nosotros mismos
Sencillez y humildad
El condicionamiento

Si usted cree que es importante el conocimiento de sí mismo sólo porque yo, o cualquier otro, se lo ha dicho, me temo que entonces toda comunicación entre nosotros ha terminado. Pero si estamos de acuerdo en que es vital que nos comprendamos a nosotros mismos completamente, entonces usted y yo tendremos una relación distinta, entonces podremos explorar juntos mediante una feliz, cuidadosa e inteligente investigación.

Yo no le pido que tenga fe en mí; no me constituyo en una autoridad. Nada tengo que enseñarle, ninguna nueva filosofía, ni nuevo sistema, ni un nuevo camino hacia la realidad; no hay camino hacia la realidad, como tampoco lo hay hacia la verdad. Toda autoridad de cualquier clase, especialmente en el campo del pensamiento y la comprensión, es lo peor y más destructivo que pueda haber. Los líderes destruyen a los seguidores, y éstos a los líderes. Usted tiene que ser su propio maestro y su propio discípulo. Usted tiene que poner en duda todas las cosas que el hombre ha aceptado como válidas, como necesarias.

Si usted no sigue a alguien, se siente muy solo. Esté solo, pues. ¿Por qué teme estar solo? Porque se enfrenta con usted mismo tal como es, y se ve vacío, torpe, estúpido, furioso, ansioso, culpable: una pequeña y mezquina entidad de segunda mano. Enfréntese al hecho; obsérvelo, no huya de él. En cuanto huye, empieza el temor.

Al inquirir dentro de nosotros mismos, no estamos aislándonos del resto del mundo. No sería un proceso saludable. El hombre en todas partes se ve atrapado en los mismos problemas diarios. Por eso al examinarnos internamente no nos comportamos en absoluto como unos neuróticos, ya que no hay diferencia entre lo individual y lo colectivo. Esto es un hecho real. Yo he creado al mundo tal como soy. No nos perdamos, pues, en la lucha entre la parte y el todo.

Tengo que darme cuenta del campo total de mi propio yo, que es la consciencia del individuo y de la sociedad. Cuando la mente va más allá de esta consciencia social e individual, sólo entonces puedo convertirme en una luz para mí mismo, luz que nunca se apaga.

Ahora bien, ¿por dónde empezamos a conocernos? Aquí estoy. ¿Cómo he de estudiarme, observarme a mí mismo, ver lo que en realidad está ocurriendo en mi interior? Únicamente puedo observarme en mis relaciones con los demás, porque toda la vida es relación. De nada sirve sentarme en un rincón a meditar sobre mí mismo. Yo no puedo existir como un ser aparte. Existo sólo en relación con las personas, las cosas y las ideas, y al estudiar mis relaciones con las cosas y las personas fuera de mí, así como las cosas internas, empiezo a conocerme a mí mismo. Cualquier otra forma de conocimiento es simplemente una abstracción, y no puedo estudiarme yo mismo en la abstracción. No soy una entidad abstracta; por tanto, tengo que estudiarme en la realidad: como soy, no como deseo ser.

La comprensión no es un proceso intelectual. Adquirir conocimiento sobre usted mismo y aprender sobre usted mismo son dos cosas diferentes, porque el conocimiento acumulado es siempre del pasado, y una mente que lleva la carga del pasado está llena de pesadumbre. Aprender sobre usted mismo no es como aprender un lenguaje, una técnica o una ciencia, es obvio que entonces usted tiene que acumular y recordar; sería absurdo empezar todo de nuevo, pero en el campo psicológico el aprendizaje acerca de usted mismo está siempre en el presente, y el conocimiento está siempre en el pasado. Y como la mayoría de nosotros vivimos en el pasado, el conocimiento se vuelve extraordinariamente importante para nosotros. Por eso reverenciamos al erudito, al experto, al ingenioso. Pero si usted está siempre aprendiendo, aprendiendo cada minuto, aprendiendo mientras observa y escucha, aprendiendo mientras ve y actúa, entonces descubrirá que el aprender es un movimiento constante sin el pasado.

Si dice que irá aprendiendo gradualmente sobre usted, acumulando cada vez más, poco a poco, no se está estudiando ahora como es, sino a través del conocimiento adquirido. Aprender implica tener una gran sensibilidad. No hay sensibilidad si hay una idea que, perteneciendo al pasado, domina el presente. Entonces la mente deja de ser ágil, flexible, no está alerta. Muchos de nosotros no somos sensibles ni siquiera físicamente. Comemos demasiado, no nos preocupa la dieta correcta, fumamos y bebemos tanto, que nuestros cuerpos se vuelven insensibles. La cualidad de la atención en el organismo se embota. ¿Cómo puede haber una mente realmente alerta, sensible y lúcida si el organismo es torpe y pesado? Podemos ser sensibles a ciertas cosas que nos afectan en lo personal, pero para ser completamente sensibles a todas las implicaciones de la vida se requiere que no haya separación entre el organismo y la psique. Este es un movimiento total.

Para comprender algo, usted debe vivir con eso, debe observarlo, conocer todo su contenido, su naturaleza, su estructura, su evolución. ¿Ha tratado usted alguna vez de vivir consigo mismo? Si es así, empezará a ver que su ser no es algo estático, sino que es algo fresco y vivo. Y para vivir con algo vivo, su mente también debe estar viva. Y no puede estarlo si es prisionera de opiniones, juicios y valores.

Para observar la actividad de su propia mente y corazón, de todo su ser, su mente ha de ser libre; no debe asentir ni disentir, inclinándose a un lado u otro en cualquier discusión, disputando sobre meras palabras; más bien debe escuchar con intención de comprender. Esto es algo muy difícil porque la mayoría de nosotros no sabemos mirar ni escuchar nuestro propio ser, como no sabemos mirar la belleza de un río, ni escuchar la brisa entre los árboles.

Cuando condenamos o justificamos, no podemos ver con claridad, ni tampoco cuando la mente está parloteando sin cesar; entonces no observamos lo que es; sólo observamos las proyecciones que hemos hecho de nosotros mismos. Cada uno de nosotros tiene una imagen de lo que pensamos que somos o que deberíamos ser, y esta imagen impide que nos veamos tal como somos.

Una de las cosas más difíciles del mundo es observar algo de manera sencilla. Como nuestra mente es muy compleja, hemos perdido la cualidad de la sencillez. No me refiero a la sencillez en la ropa o en el alimento, a usar sólo un taparrabos u obtener un récord de ayuno, o a cualquiera de esas tonterías sin madurez que los santos cultivan, sino a la sencillez con que se pueden observar las cosas directamente, sin temor…, con que podemos observarnos a nosotros mismos como realmente somos sin ninguna distorsión. Es decir, si mentimos, mentimos, no encubrirlo o huir de ello.

Además, para comprendernos necesitamos una gran dosis de humildad. Si usted empieza diciendo: «Yo me conozco», ha dejado de aprender acerca de usted mismo; o si dice: «No hay mucho que aprender sobre mí, que soy solamente una serie de recuerdos, ideas, experiencias y tradiciones», entonces ha cesado también de aprender sobre usted mismo. Tan pronto ha logrado alguna cosa, usted pierde esa cualidad de inocencia y humildad; tan pronto llega a una conclusión, o empieza a investigar partiendo del conocimiento, usted está perdido, porque entonces está traduciendo todo lo vivo en función de lo viejo. Mientras que si no tiene una posición establecida, ni tiene certeza de nada, ni logro alguno, tendrá libertad para observar, para actuar. Y cuando mira con libertad, todo es nuevo siempre. Un hombre que se siente seguro es un ser humano muerto.

Pero ¿cómo podemos ser libres para mirar y aprender si la mente, desde que nacemos hasta que morimos, está conformada por una determinada cultura dentro de la limitada estructura del «yo»? Durante siglos hemos estado condicionados por la nacionalidad, la casta, la clase, la tradición, la religión, el lenguaje, la educación, la literatura, el arte, las costumbres, el convencionalismo, todo tipo de propaganda, la presión económica, el alimento que comemos, el clima en que vivimos, nuestra familia, nuestros amigos, nuestras experiencias —cualquier influencia en la que pueda usted pensar— y, por tanto, nuestras respuestas a todos los problemas están condicionadas.

¿Se da usted cuenta de que está condicionado? Es lo primero que debe preguntarse, no cómo librarse de su condicionamiento. Puede que usted nunca se libre de él, y si usted dice, «debo librarme de él», puede caer en la trampa de otra forma de condicionamiento. Así que, repito: ¿Se da usted cuenta de que está condicionado? ¿Sabe usted que aun cuando mira un árbol y dice «este es un roble», o es «una higuera de Bengala», la mención del nombre, que es conocimiento botánico, ha condicionado su mente de tal modo que la palabra se interpone entre usted y la verdadera percepción del árbol? Para llegar a estar en contacto con el árbol, usted tiene que poner sus manos sobre él, y la palabra no le ayudará a tocarlo.

¿Cómo sabe usted que está condicionado? ¿Cómo lo descubre? ¿Cómo sabe usted que tiene hambre? No como una teoría, sino como el hecho real de tener hambre. De la misma forma, ¿cómo descubre usted el hecho real de que está condicionado? ¿No es por su reacción a un problema, a un reto? Usted responde a cada reto de acuerdo con su condicionamiento, y como este es algo inadecuado reaccionará siempre de forma inadecuada.

Cuando usted se da cuenta de ello, ¿no le produce este condicionamiento de raza, religión y cultura una sensación de estar preso? Considere sólo una forma de condicionamiento, la nacionalidad, vuélvase consciente de ello de una manera seria y total, y vea si le satisface o se rebela y, si al rebelarse, usted quiere romper con todo condicionamiento. Si está satisfecho con su estado, es evidente que no hará nada, pero si al darse cuenta de él, no está satisfecho, verá que nunca hace nada sin su condicionamiento. ¡Nunca! Por tanto, usted siempre está viviendo en el pasado con los muertos.

Usted será capaz de ver por sí mismo cómo está condicionado, sólo cuando se halle en el conflicto de prolongar el placer o de eludir el dolor. Si todo está perfecto a su alrededor —su mujer lo ama, usted la ama, tiene una hermosa casa, hijos y mucho dinero—, entonces no es consciente de su condicionamiento en absoluto. Pero cuando hay alguna preocupación, cuando su mujer mira a algún otro, o usted pierde su dinero, o se ve amenazado por la guerra o alguna otra pena o ansiedad, entonces sabe que está condicionado. Cuando usted lucha contra cualquier preocupación, o se defiende contra alguna amenaza interior o exterior, entonces sabe que está condicionado. Y como la mayoría de nosotros estamos inquietos la mayor parte del tiempo, ya sea superficial o profundamente, esa misma inquietud indica que estamos condicionados. Mientras se acaricia al animal, reacciona amablemente, pero tan pronto es contrariado surge toda la violencia de su naturaleza.

Nos preocupa la vida, la política, la situación económica, el horror, la brutalidad, el dolor del mundo y el nuestro, y por eso nos damos cuenta de lo terrible y obstinadamente condicionados que estamos. ¿Y qué haremos? ¿Aceptar esa preocupación y vivir con ella como la mayoría lo hacemos? ¿Acostumbrarse a ella como nos acostumbramos a vivir con un dolor de espaldas? ¿Tolerarla?

Hay una tendencia en todos nosotros a soportar las cosas, a acostumbrarnos a ellas, a culparlas por las circunstancias. Decimos: «Ah, si las cosas anduviesen bien yo sería diferente», o «denme la oportunidad y tendré éxito», o «me siento aplastado por la injusticia de todo esto», siempre culpando a los demás de nuestra preocupación, o a nuestro ambiente, o a la situación económica.

Si nos acostumbramos a la preocupación, quiere decir que nuestra mente se ha embotado, y podemos estar tan acostumbrarnos a la belleza que nos rodea, que ya no la notamos. Uno se torna indiferente, duro e insensible, y la mente cada vez más torpe. Si no nos acostumbramos, tratamos de escapar tomando alguna droga, ingresando en algún grupo político, gritando, escribiendo, yendo a un partido de fútbol, a un templo o iglesia, o buscando cualquier otra forma de diversión.

¿Por qué motivo escapamos de los hechos reales? Tenemos miedo de morir —estoy meramente tomando esto como un ejemplo— e inventamos toda clase de teorías, esperanzas, creencias, para disfrazar la realidad de la muerte, pero el hecho sigue ahí. Para comprender un hecho debemos observarlo, no huir de él. La mayoría de nosotros estamos tan temerosos de morir como de vivir. Tememos por nuestra familia, tenemos miedo a la opinión pública, a perder nuestro trabajo o nuestra seguridad, y a cientos de otras cosas. Es sencillamente que tenemos miedo, aunque no estemos temerosos de esto o aquello. Y bien, ¿por qué no nos enfrentamos a este hecho?

Usted puede enfrentarse a un hecho sólo en el presente, pero si nunca le permite estar presente, porque siempre está huyendo de él, jamás podrá afrontarlo. Y como hemos cultivado toda una red de escapes, estamos atrapados en el hábito de escapar.

Ahora bien, si usted es realmente sensible, serio, se volverá consciente no sólo de su condicionamiento, sino también de los peligros que éste acarrea, de la brutalidad y el odio que engendra.

¿Por qué, si usted ve el peligro de su condicionamiento, no actúa? ¿Acaso porque es perezoso, ya que la pereza implica falta de energía? Sin embargo, no le faltaría energía si viera un peligro físico inmediato, como una serpiente en su camino, o un precipicio, o un fuego. ¿Por qué entonces no actúa cuando ve el peligro de su condicionamiento? Si viera el peligro del nacionalismo para su propia seguridad, ¿no actuaría?

La respuesta es que usted no lo ve. A través de su proceso intelectual de análisis, usted puede ver que el nacionalismo lleva a la autodestrucción, pero no hay contenido emocional en eso. Solamente cuando hay un contenido emocional se llena uno de vitalidad.

Si usted ve el peligro de su condicionamiento meramente como un concepto intelectual, nunca hará nada. Al ver un peligro como una mera idea, hay conflicto entre la idea y la acción, y ese conflicto consume su energía. Sólo cuando ve el condicionamiento y el peligro de él inmediatamente, tal como vería un precipicio, usted actúa. Por tanto, ver es actuar.

La mayoría de nosotros caminamos por la vida distraídamente, reaccionando de forma irreflexiva de acuerdo con el ambiente en el que nos han educado, y tales reacciones sólo promueven más esclavitud, más condicionamiento. Pero tan pronto usted concede atención total a su condicionamiento, verá que está totalmente libre del pasado; que éste se aleja de usted de forma natural.

3

La consciencia - La totalidad de la vida
El darse cuenta

Cuando usted se dé cuenta de su condicionamiento, comprenderá la totalidad de su consciencia. La consciencia es el campo perfecto donde funciona el pensamiento y existen las relaciones. Todos los afanes, intenciones, deseos, placeres, temores, inspiraciones, anhelos, esperanzas, penas y alegrías están en ese campo. Pero nosotros hemos dividido esta consciencia en activa y latente, en el nivel superior y el nivel inferior, es decir, en la superficie, todos los pensamientos, sentimientos y actividades diarias, y debajo de ellos, la llamada subconsciencia, donde están las cosas con las que no estamos familiarizados y que se manifiestan ocasionalmente por medio de ciertas insinuaciones, intuiciones y sueños.

Nos ocupamos de un pequeño rincón de la consciencia donde pasamos casi toda nuestra vida, pero no sabemos cómo penetrar en la subconsciencia con todas sus motivaciones, sus temores, sus cualidades raciales y heredadas. Ahora, yo me pregunto: «¿Existe de verdad el llamado subconsciente?». Usamos esa palabra con demasiada libertad. Hemos aceptado que existe, y todas las frases y la jerga de los analistas y psicólogos se nos han colado en el lenguaje; pero ¿existe? ¿Y por qué le damos tan extraordinaria importancia? A mí me parece que es tan trivial y estúpida como la mente consciente; igual de limitada, fanática, condicionada, impaciente y vulgar.

Entonces, ¿es posible que se dé uno cuenta totalmente de todo el campo de la consciencia y no sólo de una parte, de un fragmento? Si usted es capaz de ser consciente de la totalidad, estará actuando siempre con atención completa, no con atención parcial. Es importante que se comprenda esto porque cuando usted se da cuenta por completo de todo el campo de su consciencia, no hay fricción. La hay sólo cuando usted divide la consciencia en diferentes niveles, pues toda ella es pensamiento, sentimiento y acción.

Vivimos fragmentados. Usted es una cosa en la oficina y otra en la casa; habla de democracia, y en su corazón es autócrata; habla de amar a su vecino, pero lo mata con la competencia; existe una parte de usted que trabaja y observa, pero que lo hace independientemente de la otra. ¿Se da usted cuenta de esta existencia fragmentaria en usted mismo? ¿Es posible para un cerebro que ha dividido en pedazos su propio funcionamiento, su propio pensar, es posible que tal cerebro se dé cuenta de la totalidad del campo donde opera? ¿Es posible observar la totalidad de la consciencia de manera completa, absoluta, lo cual significaría que somos seres humanos íntegros?

Si para tratar de comprender la estructura compleja del «ego», del «yo», con toda su extraordinaria complejidad, usted va paso a paso, descubriendo capa por capa, examinando cada pensamiento, sentimiento e intención, se encontrará atrapado en el proceso analítico, que puede llevarle semanas, meses, años. Y cuando usted da entrada al tiempo en el proceso de comprenderse a sí mismo, ha de tener en cuenta todo tipo de distorsiones, porque el «yo» es una entidad compleja, viva, en movimiento, que está luchando, deseando, rechazando, bajo presiones, tensiones e influencias de toda clase, las cuales obran sobre él continuamente. Así descubrirá por usted mismo que éste no es el camino, comprenderá que sólo hay un modo de observarse: observarse de una manera inmediata, total, sin contar con el tiempo. Pero sólo puede ver la totalidad de usted mismo cuando la mente no está fragmentada. Lo que usted ve en la totalidad es la verdad.

Y bien, ¿puede usted hacer esto? La mayoría de nosotros no podemos porque nunca hemos enfocado el problema con seriedad, nunca nos hemos observado a nosotros mismos. Nunca. Culpamos a los otros, explicamos de alguna manera las cosas, o nos asustamos de observarlas. Pero cuando usted observe de una manera total, pondrá toda su atención, todo su ser, todo lo que es usted —sus ojos, sus oídos, sus nervios—, prestará atención con un total olvido de sí mismo, y entonces no habrá lugar para el temor ni para la contradicción ni, por tanto, para el conflicto.

Atención no es lo mismo que concentración. La concentración es exclusión; la atención, que significa darse cuenta de una manera total, no excluye nada. Me parece que la mayoría de nosotros no nos damos cuenta de lo que hablamos, tampoco de lo que nos rodea: los colores, las personas, las nubes, la forma de los árboles, el curso del agua. Tal vez como estamos tan interesados en nosotros mismos, en nuestros minúsculos problemas, en nuestras ideas, nuestros placeres, pretensiones y ambiciones, por eso no somos objetivamente conscientes. Y, sin embargo, hablamos mucho de ser conscientes. Una vez en la India, viajaba yo en automóvil, sentado al lado del chófer. Había tres caballeros detrás discutiendo acaloradamente acerca de ser conscientes y, por desgracia en ese momento, el chófer se distrajo y atropelló una cabra. Y los tres caballeros seguían hablando del tema sin darse cuenta en absoluto de que habían atropellado una cabra. Cuando se señaló esta falta de atención a estos señores que trataban de estar alerta, recibieron una gran sorpresa.

Y con la mayoría de nosotros pasa lo mismo. No nos damos cuenta de las cosas externas o internas. Si quiere usted comprender la belleza de un pájaro, de una mosca, o de una hoja, o de una persona con todas sus complejidades, tiene que prestarles atención completa, que es ser consciente. Y usted sólo puede prestar atención cuando tiene interés, lo que significa que real mente quiere comprender; entonces pone usted todo su corazón y su mente en la búsqueda.

Este estado de ser consciente sería como vivir con una serpiente en una habitación, vigilaría cada movimiento y estaría muy atento al más ligero ruido que hiciera. Tal estado de atención es energía total; en ese estado de atención la totalidad de su ser se revela en un instante.

Cuando usted se ha observado así tan atentamente, podrá penetrar a mayor profundidad. Cuando decimos «mayor profundidad» no estamos comparando. Siempre pensamos a base de comparaciones: profundo y superficial, feliz e infeliz. Siempre estamos midiendo, comparando. ¿Existe un estado que se llame profundo y otro superficial en uno mismo? Cuando digo «mi mente es superficial, vacía, pequeña, estrecha, limitada», ¿cómo sé todas estas cosas? Porque he comparado mi mente con la de usted, que es más brillante, que tiene más capacidad, es más inteligente y alerta. ¿Conocería mi pequeñez sin la comparación? Cuando tengo hambre no comparo ésta con mi hambre de ayer. El hambre de ayer es una idea, un recuerdo.

Si estoy siempre comparándome con usted, luchando por ser como usted, estoy rechazando lo que soy y, por tanto, creando una ilusión. Cuando he comprendido que la comparación de cualquier forma lleva sólo a mayor ilusión y mayor desdicha, igual que cuando me analizo, añado algo poco a poco al conocimiento de mí mismo, o me identifico con algo exterior a mí, ya sea el Estado, un salvador o una ideología; cuando comprendo que todo este proceso conduce a mayor conformismo y, en consecuencia, a mayor conflicto, cuando veo todo esto, lo rechazo de manera absoluta. Entonces mi mente ya no se dedica a buscar. Es muy importante comprender esto. Entonces mi mente ya no está tanteando, preguntando, buscando. Esto no significa que mi mente esté satisfecha con las cosas tal como son, pero sí que no sufre ilusiones. Una mente así puede moverse entonces en una dimensión totalmente distinta. La dimensión donde pasamos de ordinario la vida diaria, que es dolor, placer y temor, ha condicionado la mente, ha limitado su naturaleza, y cuando el dolor, el placer y el temor han desaparecido —lo cual no significa que ya nunca habrá gozo, que es algo del todo diferente del placer—, entonces la mente actúa en una dimensión distinta donde no hay conflicto ni sensación de alteridad.

Sólo hasta aquí podemos llegar verbalmente; lo que está más allá no se puede expresar en palabras, porque la palabra no es la cosa. Hasta ahora, podemos describir, explicar, pero ni las palabras ni las explicaciones pueden abrir la puerta. Sólo abrirán la puerta el ser consciente y la atención de cada día: darnos cuenta de cómo hablamos, qué decimos, cómo caminamos, qué pensamos. Es como limpiar una habitación y mantenerla en orden. Conservarla en orden es importante en un sentido, pero no tiene importancia alguna en otro. Ha de haber orden en la habitación, pero el orden no abrirá la puerta o la ventana. Lo que abrirá la puerta no es su voluntad ni su deseo. No hay posibilidad de que usted pueda invitar a «lo otro». Todo lo que puede hacer es conservar la habitación en orden, lo que es una virtud por sí misma, no por lo que ello produzca. Ser sensato, racional, ordenado. Entonces, tal vez, si tiene suerte, la ventana se abrirá y la brisa entrará. O puede que no entre. Depende del estado de su mente. Y ese estado mental sólo puede ser comprendido por usted mismo observándolo sin tratar nunca de moldearlo, de tomar partido, de oponerse, de estar o no de acuerdo, de justificar, de condenar, de juzgar; esto es, observarlo sin ninguna elección. Y si se da cuenta sin elección alguna, quizá la puerta se abra y usted sabrá qué es esa dimensión en que no existe el conflicto ni el tiempo.

4

La persecución del placer - El deseo
La perversión por el pensamiento
La memoria - El gozo

Dijimos en el capítulo anterior que el gozo era algo enteramente distinto del placer; por tanto, descubramos lo que éste implica y si es del todo posible vivir en un mundo donde no haya placer, sino una gran sensación de gozo, de bienaventuranza.

Todos estamos empeñados en la persecución del placer de una u otra forma: intelectual, sensorial o cultural; el placer de reformar, de indicar a otros lo que deben hacer, de aminorar los males de la sociedad, de hacer el bien; el placer de obtener mayor conocimiento, mayor satisfacción física, mayor experiencia, mayor comprensión de la vida, todas las ingeniosas y sagaces cosas de la mente; y el supremo placer que es, por supuesto, alcanzar a Dios.

El placer es la estructura de la sociedad. Desde la niñez hasta la muerte estamos secreta, astuta u obviamente persiguiendo el placer. Así, cualquiera que sea nuestra forma de placer, creo que deberíamos tenerlo muy claro, porque es lo que está guiando y conformando nuestras vidas. Es, pues, importante para cada uno de nosotros investigar a fondo, con precaución y con delicadeza esta cuestión del placer, ya que el buscarlo, y luego nutrirlo y sostenerlo, es una exigencia básica de la vida, y sin la cual la existencia se torna monótona, estúpida, solitaria y sin sentido.

Usted quizá se pregunte: «¿Por qué entonces no es el placer lo que debiera guiar la vida?». Por la sencilla razón de que el placer ha de causar dolor, frustración, pesar y temor, y como resultado del temor, violencia. Si usted quiere vivir de ese modo, viva de ese modo. De todas maneras, casi todo el mundo así lo hace, pero si usted quiere verse libre del dolor, tiene que comprender la estructura total del placer.

Comprender el placer no es rechazarlo. No estamos condenándolo, ni diciendo que es bueno o malo. Pero si lo buscamos, hagámoslo con los ojos abiertos, conscientes de que buscando siempre el placer inevitablemente encontraremos su sombra: el dolor. No podremos separarlos, aunque al correr tras el placer tratemos de evitar el dolor.

Ahora bien, ¿por qué está la mente exigiendo siempre placer? ¿Por qué hacemos cosas nobles e innobles guiados por la corriente oculta del placer? ¿Por qué nos sacrificamos y sufrimos por la fragilidad del placer? ¿Qué es el placer y cómo surge? Desearía saber si alguno de ustedes se ha hecho estas preguntas, y ha seguido las respuestas hasta el mismo final.

El placer se produce en cuatro etapas: percepción, sensación, contacto y deseo. Yo veo, digamos, un hermoso automóvil: enseguida tengo una sensación, una reacción por haberlo mirado; luego lo toco o imagino que lo toco, entonces viene el deseo de poseerlo y de exhibirme en él. O bien veo una hermosa nube, una montaña recortándose sobre el cielo, o una hoja que apenas ha brotado en primavera, o un profundo valle, lleno de encanto y esplendor, o una gloriosa puesta de sol, o un rostro hermoso, vivo e inteligente, que es bello por no ser consciente de ello. Miro esas cosas con intenso deleite y mientras las observo no existe el observador sino pura belleza como el amor. Por un momento el «yo» está ausente con todos sus problemas, ansiedades y desdichas; sólo queda esa cosa maravillosa. La puedo mirar con gozo y al siguiente momento olvidarla, o bien la mente se detiene ahí, y el problema empieza. Mi mente piensa en lo que ha visto, y cuán hermoso era: me digo a mí mismo que me gustaría verlo de nuevo muchas veces. El pensamiento empieza a comparar, a juzgar, y dice: «Debo volver a disfrutarlo mañana». De ese modo mantiene la continuidad de la experiencia que nos ha deleitado por un segundo.

Sucede lo mismo con el deseo sexual o con cualquiera otra forma de deseo. No hay nada malo en el deseo. Reaccionar a él es perfectamente normal. Si usted me pincha con un alfiler, yo reaccionaré, a menos que esté paralítico. Pero entonces interviene el pensamiento y comienza a rumiar el deleite convirtiéndolo en placer. El pensamiento quiere repetir la experiencia, y mientras más la repite, más mecánica se vuelve; mientras más piense usted en ello, más pujanza le da el pensamiento al placer. Así el pensamiento crea y alimenta el placer por medio del deseo, y le da continuidad. De este modo, el pensamiento pervierte la reacción natural del deseo ante cualquier cosa bella. El pensamiento se convierte en memoria, y la memoria a su vez se nutre pensando lo mismo una y otra vez.

Por supuesto, la memoria es necesaria a cierto nivel. En la vida diaria no podríamos actuar sin ella. En su propio campo debe ser eficiente, pero existe un estado mental en donde está de sobra. Una mente que no está deformada por la memoria tiene verdadera libertad.

¿Ha notado alguna vez que cuando responde a algo de una manera total, con todo su corazón, usa muy poco la memoria? Sólo cuando no responde a un reto con todo su ser hay conflicto, lucha, lo que produce confusión y también dolor o placer. Y la lucha genera memoria. Ésta se suma continuamente a otras, y son esos recuerdos los que responden. Todo aquello que sea resultado de la memoria es viejo y, por tanto, nunca puede ser libre. No existe la libertad de pensamiento. Eso es pura tontería.

El pensamiento nunca es nuevo, porque es la respuesta de la memoria, de la experiencia, del conocimiento. El pensamiento, por ser del pasado, vuelve viejo lo que usted ha observado con deleite y ha sentido tremendamente por un instante. De lo viejo deriva usted el placer, nunca de lo nuevo. No existe el tiempo en lo nuevo.

Por tanto, si usted puede observar todo sin permitir que el placer intervenga —un rostro, un pájaro, el color de un sari, la belleza de una superficie de agua titilando al sol, o cualquier cosa que produzca deleite—, si usted lo observa sin desear repetir la experiencia, entonces no habrá dolor ni temor, sino, por el contrario, una tremenda alegría.

La lucha por repetir y perpetuar el placer lo convierte en dolor. Obsérvelo en usted mismo. La misma urgencia por repetir el placer produce dolor porque ya no es lo que fue ayer. Usted se esfuerza por alcanzar ese goce nuevamente, no sólo para su sentido estético, sino para la misma cualidad interna de la mente, y usted se siente dolido y decepcionado porque no lo consigue.

¿Ha observado usted lo que ocurre cuando se le niega un pequeño placer? Cuando no consigue lo que quiere, se torna ansioso, envidioso, odioso. ¿Ha visto usted cuando se le ha negado el placer de beber, de fumar, del sexo o de lo que sea, ha notado cuántas batallas tiene que sostener? Pero todo esto es una forma del temor, ¿no es verdad? Usted teme no conseguir lo que quiere, o perder lo que tiene. Cuando alguna creencia o ideología particular que ha sostenido durante años es sacudida o arrebatada por la lógica o la vida, ¿no teme usted quedarse solo? Esa creencia le ha dado satisfacción y placer durante años, y cuando se la quitan usted se queda desamparado, vacío y el temor permanece hasta que encuentra otra forma de placer, otra creencia.

Esto me parece muy sencillo, y por ser tan sencillo rehusamos ver su simplicidad. Nos gusta complicarlo todo. Cuando su esposa lo abandona, ¿no está usted celoso? ¿No está usted enojado? ¿No odia al hombre que la ha atraído? ¿Y qué es todo esto, sino temor de perder algo que le ha dado mucho placer, compañía, cierta clase de seguridad y el gozo de la posesión?

Si usted comprende, pues, que cuando se busca el placer tiene que haber dolor, viva de esa manera si así lo quiere, pero no caiga en ello por ignorancia. Sin embargo, si quiere dar fin al placer, acabando así con el dolor, debe estar totalmente atento a toda la estructura del placer, no extirparlo como hacen los monjes y *sanyasis*, que nunca miran a una mujer porque piensan que es un pecado y, por tanto, destruyen la vitalidad de su comprensión; es necesario ver el sentido y significado del placer en su totalidad. Entonces disfrutará de gran alegría en la vida. Usted no puede pensar en la alegría. La alegría es una cosa inmediata y cuando piensa en ella, la convierte en placer. Vivir en el presente es la percepción instantánea de la belleza y el gran deleite que ahí reside, sin tratar de sacar placer de todo ello.

5

El interés por uno mismo - El ansia de posición
Los temores y el temor total
La fragmentación del pensamiento
El fin del temor

Antes de proseguir, me gustaría preguntarle cuál es su interés fundamental y perdurable en la vida. Dejando de lado las contestaciones ambiguas, y enfrentándose a esa pregunta directa y sinceramente, ¿cuál sería su contestación? ¿La sabe usted?

¿No es acaso usted mismo? De todas maneras, esto es lo que la mayoría de nosotros diríamos si contestáramos con sinceridad. Estoy interesado en mi progreso, en mi trabajo, en mi familia, en el pequeño rincón donde vivo, en conseguir una mejor posición, más prestigio, más poder, más dominio sobre los otros, etcétera. Creo que sería lógico admitir para nosotros mismos que ese es el principal interés de la mayoría: «yo» primero. ¿No es cierto?

Algunos de nosotros diríamos que no es correcto interesarnos principalmente por nosotros mismos. Pero ¿qué hay de malo en ello, excepto que rara vez lo admitimos con decoro y sinceridad? Si lo hacemos, nos sentimos más bien avergonzados. Bien, así es, uno está fundamentalmente interesado en uno mismo, y por diversas razones ideológicas o tradicionales cree que es incorrecto. Pero lo que uno cree no tiene ninguna importancia. ¿Por qué introducir el factor de considerarlo equivocado? Eso es una idea, un concepto. El hecho es que uno está interesado en uno mismo de manera fundamental y perdurable.

Puede usted decir que es más satisfactorio ayudar a otro que pensar en usted mismo. ¿Cuál es la diferencia? Sigue siendo interés en sí mismo. Si a usted le da mayor satisfacción ayudar a otros, está interesado en lo que le produce mayor satisfacción. ¿Por qué introducir en ello un concepto ideológico? ¿Por qué ese doble modo de pensar? ¿Por qué no decir: «Lo que yo realmente quiero es satisfacción, sea en el sexo, sea en ayudar a otros, o en llegar a ser un gran santo, un científico o un político»? Es el mismo proceso, ¿no es cierto? Satisfacción en todas las formas sutiles o evidentes, eso es lo que deseamos. Cuando decimos que queremos libertad, la queremos porque pensamos que debe satisfacernos extraordinariamente y, desde luego, la máxima satisfacción es esta idea peculiar de la autorrealización. Lo que buscamos realmente es una satisfacción donde no quepa ninguna insatisfacción.

La mayoría de nosotros ansiamos la satisfacción de tener una posición en la sociedad porque tememos ser un don nadie. La sociedad está estructurada de tal modo que un ciudadano que ocupa un lugar respetable es tratado con gran cortesía, mientras que un hombre sin posición es maltratado. Todo el mundo quiere una posición, ya sea en la sociedad, en la familia o en sentarse a la diestra de Dios, y esta posición, desde luego, debe ser reconocida por los otros: de lo contrario, no es posición en absoluto. Hemos de ocupar siempre un sitio en el estrado. En nuestro interior somos una vorágine de infortunios y maldades y, por tanto, nos complace que externamente nos juzguen como personajes importantes. Este anhelo de posición, de prestigio, de poder, para sobresalir de algún modo en la sociedad, es un deseo de dominar a otros, y este deseo de dominar es una forma de agresión. El santo que busca una posición en relación a su santidad es tan agresivo como el pollo que picotea en el corral. Pero ¿cuál es la causa de esta agresividad? Es el temor, ¿no es cierto?

El temor es uno de los mayores problemas de la vida. Una mente que está atrapada por el temor vive en confusión, en conflicto y, por tanto, tiene que ser violenta, agresiva y estar deformada. No se atreve a desviarse de sus propios patrones de pensamiento, lo que engendra hipocresía. Hasta que no nos libremos del temor, permaneceremos siempre en la oscuridad, aunque subamos a las más altas montañas e inventemos toda clase de dioses.

Como vivimos en una sociedad tan corrompida y estúpida, donde recibimos una educación caracterizada por la competencia, que engendra el miedo, estamos todos agobiados por temores de alguna especie. Y el temor es algo espantoso, que pervierte, arruina y oscurece nuestros días.

Existe el miedo físico, pero este es un instinto que hemos heredado de los animales. Son los temores psicológicos los que aquí nos interesan, porque cuando comprendamos las profundas raíces de los temores psicológicos seremos capaces de enfrentarnos a los temores animales. Por el contrario, si nos ocupamos de los temores animales primero, esto nunca nos ayudará a comprender los psicológicos.

Todos estamos temerosos de algo; no hay temores abstractos, existen siempre en relación con algo. ¿Conoce usted sus propios temores? Temor de perder el trabajo, de no tener suficientes alimentos o dinero, o de lo que los vecinos o el público piensen de usted, o de no tener éxito, de perder su posición en la sociedad, de ser despreciado o ridiculizado; temor al dolor y a las enfermedades, a ser dominado, a no saber nunca qué es el amor, o a no ser amado, a perder a la esposa o a los hijos; temor a la muerte, a vivir en un mundo que es como la muerte, de completo aburrimiento, de no vivir según la imagen que los otros han elaborado de usted, de perder su fe. Todos estos y otros innumerables temores. ¿Conoce usted sus propios temores particulares? ¿Qué hace usted con ellos generalmente? Huye de ellos, ¿no es verdad? ¿O bien inventa ideas o imágenes para ocultarlos? Pero huir del temor es sólo acrecentarlo.

Una de las principales causas del temor es que no queremos

enfrentarnos a nosotros tal como somos. Por tanto, tenemos que examinar tanto los temores mismos como la red de escapes que hemos desarrollado para librarnos de ellos. Si la mente, en la cual está incluido el cerebro, trata de vencer el temor, de reprimirlo, disciplinarlo, controlarlo, transformarlo en otra cosa, habrá fricción, habrá conflicto, y el conflicto implica pérdida de energía.

Entonces, hemos de preguntarnos en primer lugar: ¿Qué es el temor y cómo surge? ¿Qué queremos decir con la palabra temor en sí misma? Me estoy preguntando qué es el temor, no a qué le tengo miedo.

Vivo determinada clase de vida; pienso de acuerdo con determinada pauta; sigo ciertas creencias y dogmas, y no quiero que esas pautas de existencia sean perturbadas porque en ellas tengo mis raíces. No quiero que sean perturbadas porque la perturbación produce un estado de ignorancia, y eso me desagrada. Si se me arranca de todo lo que conozco y aquello en que creo, quiero tener una certeza razonable de cómo andan las cosas adonde me dirijo. Las células del cerebro han creado una pauta, y rehúsan crear otra que puede ser insegura. El movimiento de la certeza a la incertidumbre es lo que yo llamo temor.

En este momento, mientras estoy sentado aquí, no tengo miedo; no tengo miedo en el presente, nada me está ocurriendo, nadie me amenaza ni me está quitando nada. Pero más allá del momento actual, hay una capa más profunda en la mente que, consciente o inconscientemente, piensa en lo que pudiera ocurrir en el futuro, o se preocupa de que algo del pasado pudiera sorprenderme. De manera que estoy temeroso del pasado y del futuro. He dividido el tiempo en pasado y futuro. El pensamiento interviene, y dice: «Ten cuidado de que no te vuelva a ocurrir, o prepárate para el futuro. El futuro puede serte peligroso. Tienes algo ahora, pero puedes perderlo. Puedes morir mañana; tu esposa podría abandonarte, quizás pierdas tu trabajo. Puede que nunca seas famoso. Es posible que te quedes solo. Necesitas estar bien seguro del mañana».

Ahora mire usted su forma particular de temor. Obsérvelo. Observe sus reacciones. ¿Puede observarlo sin ninguna reacción para escapar de él, justificarlo, condenarlo o reprimirlo? ¿Puede usted observar ese temor sin la palabra que lo causa? ¿Puede usted mirar a la muerte, por ejemplo, sin la palabra que hace surgir el temor de la muerte? ¿No es cierto que la palabra misma produce una vibración, así como la palabra amor tiene su propia vibración, su propia imagen? Y bien, ¿no es la imagen que su mente tiene de la muerte, el recuerdo de las muchas muertes que ha visto, y cómo asocia con usted mismo esos incidentes; no es esa imagen la que crea el temor? ¿O está usted realmente temeroso de morir, no de la imagen que ha creado del morir? ¿Es la palabra muerte la que causa su temor o el hecho real? Si es la palabra o el recuerdo de lo que causa su temor, entonces no hay temor en realidad.

Digamos que usted estuvo enfermo hace dos años y el recuerdo del dolor, de la enfermedad persiste. Entonces la memoria actúa ahora y dice: «Ten cuidado, no te vuelvas a enfermar de nuevo». De ese modo la memoria con sus asociaciones está creando temor, temor que no existe en absoluto porque en realidad ahora usted tiene buena salud. El pensamiento (que siempre es viejo porque es la respuesta de la memoria, y ésta es siempre vieja) crea en el tiempo la sensación de que usted tiene miedo, lo cual no es un hecho real. El hecho real es que usted está bien. Pero la experiencia que ha perdurado en la mente como un recuerdo despierta esta idea: «Ten cuidado, no te enfermes de nuevo».

Así pues, vemos que el pensamiento engendra una clase de temor. Pero fuera de ello, ¿hay miedo realmente? ¿Es el temor siempre resultado del pensamiento, y si lo es, hay alguna otra forma de temor? Tememos a la muerte, es decir, a algo que va a ocurrir mañana, pasado mañana, con el tiempo. Hay una distancia entre lo que es y lo que será. Ahora bien, el pensamiento ha tenido esta experiencia, ha observado la muerte, y dice: «Voy a morir». El pensamiento crea el temor a la muerte, pero si no lo crea, ¿hay en realidad algún temor?

¿Es el temor resultado del pensamiento? Si lo es, como el pensamiento es invariablemente viejo, también el temor es siempre viejo. Como hemos dicho, no hay pensamiento nuevo. Una vez se reconoce ya es viejo. Lo que tememos es la repetición de lo viejo, el pensamiento de lo que ha sido, proyectándose en el futuro. Por tanto, el pensamiento es responsable de que haya miedo. Eso es así, usted puede verlo por usted mismo. Cuando usted hace frente a algo inmediatamente, no hay temor. Sólo cuando el pensamiento interviene, surge el temor.

Por tanto, la cuestión ahora es si podemos vivir de una manera total y completa en el presente. Sólo así la mente no tendrá temor. Pero para comprender esto tiene usted que comprender la estructura del pensamiento, la memoria y el tiempo. Y al comprenderlo, no intelectual ni verbalmente, sino de hecho, con su corazón, su mente, sus entrañas, estará libre del miedo. Entonces la mente puede pensar sin crear temor.

El pensamiento, como la memoria, es, por supuesto, necesario para el vivir cotidiano. Es el único instrumento que tenemos para la comunicación, para los trabajos que desempeñamos, etcétera. El pensamiento es la respuesta de la memoria, memoria que se ha acumulado a través de la experiencia, el conocimiento, la tradición, el tiempo. Y desde el conocimiento acumulado de la memoria reaccionamos, siendo la reacción el pensamiento. Así pues, el pensamiento es esencial en ciertos niveles, pero cuando se proyecta psicológicamente en el futuro y en el pasado, creando temor así como placer, la mente se embota y la inacción es inevitable.

Así es que yo me pregunto: «¿Por qué, por qué, por qué he de pensar acerca del futuro y del pasado en función del placer y del dolor, sabiendo que tales pensamientos crean el miedo?

¿No es posible que el pensar se detenga en lo psicológico, para que el temor se acabe de una vez?». Si no, el temor nunca termina.

Una de las funciones del pensamiento es estar ocupado siempre en algo. La mayoría de nosotros queremos tener nuestras mentes continuamente ocupadas para evitar el vernos tal como somos. Tenemos miedo de sentirnos vacíos. Tenemos miedo de observar nuestros temores.

Conscientemente puede que usted se dé cuenta de sus temores, pero en lo más profundo de su mente, ¿se da usted cuenta de ellos? ¿Cómo va usted a descubrir los temores secretos, los que están ocultos? ¿Podemos dividir el miedo en consciente y subconsciente? Esta es una pregunta muy importante. El especialista, el psicólogo, el analista han deslindado el temor en capas profundas y superficiales, pero si usted es partidario de lo que dicen los psicólogos, o lo que yo digo, comprenderá nuestras teorías, nuestros dogmas, nuestro saber; pero no se comprenderá a sí mismo. Usted no puede conocerse siguiéndome a mí, a Freud o a Jung. Las teorías de otras personas no tienen ninguna importancia. Es usted mismo quien debe hacerse la pregunta. ¿Se divide el temor en consciente y subconsciente? ¿O existe sólo el temor, que usted traduce de distintas maneras? Hay solamente un deseo; únicamente hay deseo: su deseo. Usted desea. Los objetos del deseo cambian, pero el deseo es siempre el mismo. De igual modo, quizás sólo hay temor. Usted tiene miedo a todo tipo de cosas, pero hay un temor solamente.

Cuando usted se dé cuenta de que el temor no puede ser dividido, verá que ha suprimido el problema del subconsciente, y así habrá burlado a los psicólogos y analistas. Cuando usted comprende que el temor es un simple movimiento que se manifiesta de diferentes modos, y cuando usted ve el movimiento y no el objeto al cual ese movimiento se dirige, entonces se está enfrentando a su inmenso problema: cómo poder verlo sin la fragmentación que la mente ha cultivado.

Sólo hay temor total, pero ¿cómo puede la mente, que piensa en fragmentos, observar esta situación de forma completa? ¿Puede hacerlo? Vivimos una vida fragmentada, y sólo podemos ver ese temor total a través del proceso fragmentario del pensamiento. El proceso completo de la maquinaria del pensar consiste en separar todas las cosas en fragmentos: yo lo amo a usted o lo odio; usted es mi enemigo, usted es mi amigo; mis peculiaridades e inclinaciones, mi trabajo, mi posición, mi prestigio, mi esposa, mi hijo, mi país y su país, mi Dios y su Dios..., todo es fragmentación del pensamiento. El pensamiento observa el estado total del temor o trata de verlo, y lo reduce a fragmentos. Por tanto, vemos que la mente puede observar este temor como una totalidad sólo cuando cesa la acción del pensamiento.

¿Puede usted observar el temor sin ninguna conclusión, sin ninguna interferencia del conocimiento que ha acumulado acerca de él? Si no puede, entonces lo que observa es el pasado, no el temor; y si puede, entonces estará observando el temor por primera vez sin la interferencia del pasado.

Usted puede observar sólo cuando la mente está silenciosa, así como sólo puede escuchar lo que alguien está diciendo si su mente no esta dialogando consigo misma en torno a sus propios problemas y ansiedades. ¿Puede usted, de la misma forma, observar su temor sin tratar de analizarlo, sin atraer su opuesto: el valor? ¿Mirarlo realmente y no intentar huir? Cuando usted dice: «Debo controlarlo, debo deshacerme de él, debo comprenderlo», usted está tratando de escapar.

Usted puede observar una nube, un árbol o la corriente de un río con una mente bastante serena, porque eso no es muy importante para usted; pero observarse a sí mismo es mucho más difícil, porque ahí las exigencias son tan reales, las reacciones tan vivas. Por eso cuando usted está directamente en contacto con el temor o la desesperación, la soledad o los celos, o cualquier otro estado desagradable, ¿puede usted observarlo de manera tan completa que su mente esté lo suficientemente serena para poder verlo?

¿Puede la mente percibir el temor y no las diferentes formas del temor? ¿Percibir el temor como una totalidad, y no el objeto al cual usted teme? Si usted simplemente observa los detalles del temor o trata de resolver sus temores uno por uno, nunca llegará al problema esencial, que es aprender a vivir con el temor.

Vivir con algo tan vital como es el temor requiere una mente y un corazón que sean extraordinariamente sutiles, que no lleguen a conclusiones, y que puedan, por tanto, seguir cada evolución del temor. Entonces si usted lo observa y vive con él —y esto no lleva un día entero, quizá un minuto o un segundo, para conocer la naturaleza total del miedo—, si usted vive con él de esa manera tan completa, es inevitable que se pregunte: «¿Quién es la entidad que vive con el temor? ¿Quién es el que está observando todas las acciones de las distintas formas de temor y a la vez dándose cuenta del hecho esencial del temor? ¿Es el observador una entidad muerta, un ser estático, que ha acumulado cierta cantidad de conocimiento e información acerca de sí mismo, y es esa cosa muerta la que está observando la actividad del temor y viviendo con él? ¿Es el observador el pasado, o es una cosa viva?». ¿Cuál es su respuesta? No me conteste, contéstese usted mismo. ¿Es usted, el observador, una entidad muerta que observa una cosa viva, o es usted una cosa viva que observa otra cosa viva? Porque en el observador existen los dos estados de observación.

El observador es el censor que no desea tener miedo; el observador es la totalidad de todas sus experiencias sobre el miedo. Por tanto, el observador está separado de eso que él llama temor; hay un espacio entre ambos; él siempre está tratando de vencerlo o de escapar, y de ahí esa batalla constante con el temor, esa batalla que implica tanta pérdida de energía.

Mientras usted observa, aprende que el observador es meramente una serie de ideas y recuerdos sin ninguna validez o sustancia, pero que el temor es una realidad, y que usted está tratando de comprender un hecho con una abstracción. Esto, por supuesto, no lo puede hacer. Pero en realidad, ¿es el observador que dice «yo tengo miedo», algo diferente de lo observado que es el miedo? El observador es el temor, y cuando llega a comprender esto ya no disipa sus energías en el esfuerzo por desembarazarse del temor, y el intervalo de espacio-tiempo entre él y lo observado desaparece. Cuando usted ve que forma parte del temor, que no está separado de él —que usted es el temor—, entonces no puede hacer nada con él; entonces el temor desaparece por completo.

6

La violencia - La cólera
Justificación y condenación
El ideal y la realidad

El temor, el placer, el dolor, el pensamiento y la violencia están todos relacionados entre sí. Muchos de nosotros encontramos placer en la aversión por alguien, en el odio a una raza o grupo particular de gentes, en el antagonismo hacia otros. Pero cuando toda violencia ha desaparecido, existe un estado mental de gozo que es muy diferente del placer de la violencia con sus conflictos, odios y temores.

¿Podremos ir hasta la misma raíz de la violencia y librarnos de ella? Si no, viviremos eternamente en lucha unos contra otros. Si así es como le gusta a usted vivir —y aparentemente es lo que quiere la mayoría—, continúe de esa manera. Si usted dice: «Bien, lo siento, pero la violencia nunca podrá terminar», entonces usted y yo no podemos comunicarnos, se ha bloqueado usted mismo. Pero si dice que pudiera haber una manera diferente de vivir, entonces seremos capaces de comunicarnos usted y yo.

Así pues, consideremos juntos, aquellos que podemos comunicarnos, si es de algún modo posible terminar totalmente con cualquier forma de violencia en nosotros, y seguir viviendo en este mundo tan brutal. Creo que es posible. Yo no quiero tener ni el más leve asomo de odio, celos, ansiedad o temor dentro de mí. Quiero vivir completamente en paz; lo que no significa que quiera morir. Quiero vivir en esta tierra maravillosa, tan abundante, tan rica, tan hermosa. Quiero mirar los árboles, las flores, los ríos, las colinas, las mujeres, los niños, las niñas, y al mismo tiempo vivir completamente en paz conmigo mismo y con el mundo. ¿Qué puedo hacer?

Si sabemos observar la violencia, no sólo exteriormente en la sociedad —las guerras, los motines, los antagonismos nacionales y conflictos de clase—, sino también en nosotros mismos, entonces tal vez seremos capaces de trascenderla.

He aquí un problema muy complejo. Durante siglos y siglos el hombre ha sido violento; las religiones de todo el mundo han tratado de domeñarlo, pero ninguna de ellas ha tenido éxito. De modo que si vamos a examinar la cuestión, me parece que debemos por lo menos ver este asunto muy seriamente porque nos llevará a un terreno por completo distinto. Pero si queremos meramente jugar con el problema como entretenimiento intelectual, no llegaremos muy lejos.

Tal vez usted crea que su actitud es muy seria frente a este problema, pero como muchas personas en el mundo no lo ven con seriedad ni están preparadas para hacer nada por resolverlo, ¿de qué sirve hacer algo? A mí no me importa si los demás lo toman en serio o no. Yo lo tomo en serio y me basta. No soy el guardián de mi hermano. Yo mismo, como ser humano, siento vehementemente este problema de la violencia y velaré por no ser violento internamente, pero no puedo decirle a usted ni a ningún otro que no sea violento. No tendría sentido, a menos que lo quiera usted. Entonces si usted quiere de veras comprender este problema de la violencia, continuemos juntos nuestro viaje de exploración.

Este problema de la violencia, ¿está ahí afuera o aquí adentro? ¿Quiere usted resolver el problema en el mundo exterior, o está usted investigando la violencia misma tal como se manifiesta en usted? Si en usted no hay violencia, surge la pregunta: «¿Cómo podré vivir en un mundo lleno de violencia, de codicia, de envidia, de brutalidad? ¿No seré destruido?». Esta es la inevitable pregunta que uno invariablemente se hace. Si formula esa pregunta, me parece que en realidad usted no vive pacíficamente. Si usted viviera pacíficamente, no tendría ningún problema. Usted puede ser enviado a prisión porque rehúsa ingresar en el ejército, o puede que lo ejecuten porque rehúsa pelear, pero ése no es un problema: de todas formas morirá. Es de extraordinaria importancia que esto se comprenda.

Estamos tratando de comprender la violencia como un hecho, no como una idea; como un hecho que existe en el ser humano, y el ser humano soy yo. Y para penetrar en el problema debo ser completamente vulnerable, estar abierto a él. Debo desenmascararme a mí mismo, no necesariamente desenmascararme ante usted, porque usted puede no estar interesado, pero yo debo mantenerme en un estado mental que requiera ver esto justamente hasta el final, sin detenerme en ningún punto para decir que no seguiré.

Primero debe ser obvio para mí, que soy un ser humano violento. He experimentado la violencia en la cólera, violencia en mis apetitos sexuales, violencia en el odio, creando así enemistad, violencia en los celos, etc. Yo la he experimentado, la he conocido, y me digo a mí mismo que quiero comprender este problema en su totalidad, no meramente un fragmento, el que se manifiesta en la guerra, sino esta agresión en el hombre, que también existe en los animales, de los cuales yo formo parte.

La violencia no consiste simplemente en matar a otro. Hay violencia cuando usamos una palabra dura, cuando hacemos un gesto para despreciar a una persona, cuando obedecemos por miedo. De modo que la violencia no es sólo la matanza organizada en el nombre de Dios, de la sociedad o de la patria. La violencia es mucho más sutil, más honda. Y nosotros estamos investigando las verdaderas profundidades de la violencia.

Cuando usted se señala a sí mismo como hindú, musulmán, cristiano o europeo, u otra cosa, está actuando violentamente. ¿Sabe por qué eso es violento? Porque se está separando de la humanidad restante. Cuando usted se aparta de otros por motivos de nacionalidad, creencia o tradición, surge la violencia. Por eso un hombre que intenta comprender la violencia no pertenece a ningún país, a ninguna religión, a ningún partido político o sistema especial. Está interesado en la comprensión total de la humanidad.

Ahora bien, hay dos escuelas principales de pensamiento con relación a la violencia: una que dice: «La violencia es innata en el hombre», y la otra que dice: «La violencia es el resultado del patrimonio social y cultural en que vive el hombre». A nosotros no nos interesa a qué escuela pertenecemos, eso no tiene importancia. Lo que sí es importante es el hecho de que somos violentos, no la razón de serlo.

Una de las manifestaciones más comunes de violencia es la cólera. Cuando mi esposa o hermana son atacadas, yo digo que mi cólera es justa; cuando alguien ataca mi país, mis ideas, mis principios, mi manera de vivir, tengo razón en estar enfurecido. También me enojo cuando se atacan mis costumbres o mis pequeñas y mezquinas opiniones. Cuando usted me pisotea o me insulta, me encolerizo, o si huye con mi mujer y estoy celoso, ese celo se considera justo porque ella es de mi propiedad. Y toda esta cólera está moralmente justificada. Pero también se estima justo que mate por mi patria. Así, cuando hablamos de la cólera, que es parte de la violencia, ¿vemos la cólera en términos de justa e injusta de acuerdo con nuestras propias inclinaciones y motivaciones ambientales, o la vemos sólo como cólera? ¿Existe una cólera justa? ¿O existe solamente cólera? No hay buena o mala influencia, sólo hay influencia, pero cuando algo que no me conviene influye en mí, digo que es mala influencia.

Tan pronto usted protege a su familia, su país, o un jirón de tela de colores llamado bandera, una creencia, una idea, un dogma, la cosa que usted exige o posee, esa misma protección indica cólera. Así que, ¿puede usted observar la cólera sin ninguna explicación ni justificación, sin decir «debo proteger mis bienes», o «hice bien al enojarme», o «qué estúpido soy en estar encolerizado»? ¿Puede usted observar la cólera como si fuera algo en sí misma? ¿Puede usted observarla de forma objetiva y completa; es decir, sin defenderla ni condenarla? ¿Puede usted hacerlo?

Si yo sintiera antagonismo por usted o pensara que es una persona maravillosa, ¿podría mirarlo de la misma manera? Sólo podré verlo, cuando lo miro con cierto interés en el que no está involucrada ninguna de estas cosas. ¿Puedo observar la cólera de la misma forma? Si lo hago significa que soy vulnerable al problema, que no le opongo resistencia, que estoy observando ese extraordinario fenómeno sin reaccionar de modo alguno.

Es muy difícil observar la cólera desapasionadamente porque ella es parte de mí; por eso estoy tratando de observarla. Heme aquí, un ser humano violento, ya sea negro, moreno, blanco o amarillo. No estoy interesado en saber si he heredado esta violencia o si la sociedad la ha producido en mí; todo lo que interesa es saber si será posible librarme de ella. Estar libre de la violencia significa todo para mí. Es más importante para mí que el sexo, la comida, la posición, porque me está corrompiendo. Me está destruyendo y destruyendo el mundo, y quiero comprenderla. Quiero trascenderla. Me siento responsable de toda la cólera y la violencia del mundo. Me siento responsable —éstas no son meras palabras—, y me digo: «Yo puedo hacer algo sólo si yo mismo estoy más allá de la cólera, más allá de la violencia, más allá de la nacionalidad». Y este sentimiento de que debo comprender la violencia en mí mismo produce tremenda vitalidad y pasión para investigar.

Pero para ir más allá de la violencia, no puedo reprimirla, no puedo rechazarla, no puedo decir: «Bien, es una parte de mí, y eso es todo», o «no la quiero». Tengo que observarla, tengo que estudiarla, debo intimar con ella, y no puedo llegar a esta intimidad si la condeno o la justifico. Pero la verdad es que la condenamos; o que la justificamos. Por tanto, le digo: «Deje por ahora de condenarla o de justificarla».

Y bien, si usted quiere parar la violencia, si usted quiere impedir las guerras, ¿cuánta vitalidad, cuánto de usted mismo le dedica? ¿No le importa que le maten sus hijos, que vayan al ejército para ser heridos y asesinados? ¿No le importa? ¡Dios mío! Si eso no le interesa, ¿qué le interesa entonces? ¿Proteger su dinero? ¿Divertirse? ¿Tomar drogas? ¿No ve usted que su propia violencia está destruyendo a sus hijos? ¿O lo ve usted sólo como una abstracción?

Muy bien; entonces, si usted está interesado, dedíquese con todo su corazón y su mente a investigar. No diga simplemente, sin mayor interés: «Bueno, háblenos del asunto». Yo le señalo que no puede observar la cólera ni la violencia con ojos que la justifiquen o la condenen, y que si esta violencia o cólera no es un problema urgente para usted, no podrá deshacerse de ellas. Así, primero tiene que aprender; tiene que aprender cómo observar la cólera, cómo mirar a su esposa, a su esposo, a sus hijos; tiene que escuchar al político, tiene que aprender por qué no es usted objetivo, por qué su actitud de condenar y justificar es parte de la estructura social donde vive, de su condicionamiento como alemán o hindú, o negro, o americano o de cualquiera que sea el país donde haya nacido y que su mente se va embotando como resultado de este condicionamiento.

Para aprender, para descubrir algo fundamental, ha de tener la capacidad de penetrar profundamente. Si depende de un instrumento embotado, poco afilado, no será capaz de hacerlo. Así, lo que hacemos ahora es afilar el instrumento, que es la mente, la mente que se ha embotado en este continuo justificar y condenar. Usted sólo podrá penetrar a gran profundidad si su mente es como una aguja afilada y tan fuerte como un diamante.

No sirve de nada preguntar simplemente: «¿Cómo lograré una mente así?». Tiene usted que desearlo como desearía su próxima comida. Y para lograrlo, ha de ver que lo que embota y entorpece la mente es ese sentido de invulnerabilidad que ha levantado muros a su alrededor y que es también parte de esa condenación y justificación. Si la mente puede librarse de ello, entonces será capaz de ver, estudiar, penetrar y quizás llegar a un estado en que sea completamente consciente del problema en su totalidad.

Volvamos, pues, al asunto principal. ¿Es posible erradicar la violencia en nosotros? Una forma de violencia es decir: «Usted no ha cambiado, ¿por qué no lo ha hecho?». Yo no digo eso. No tiene sentido para mí convencerle de nada. Se trata de su vida, no de la mía. La manera como viva es asunto suyo. Yo sólo pregunto si le es posible a un ser humano, que vive psicológicamente en cualquier sociedad, echar la violencia fuera de sí mismo. Si es posible, el mismo proceso producirá una manera diferente de vivir en este mundo.

La mayoría de nosotros hemos aceptado la violencia como una forma de vida. Dos espantosas guerras no nos han enseñado nada, excepto levantar cada vez más barreras entre los seres humanos; es decir, entre usted y yo. Pero aquellos de nosotros que queremos librarnos de la violencia, ¿cómo podemos hacerlo? Yo no creo que vaya a lograrse nada a través del análisis, ya sea el nuestro o el del profesional. Podríamos ser capaces de modificarnos ligeramente, vivir con un poco más de sosiego, con un poco más de afecto, pero eso por sí mismo no nos daría la percepción total. Pero yo debo saber cómo analizar, de modo que en el proceso del análisis mi mente se vuelva extraordinariamente aguda, porque es esa cualidad de agudeza, de atención, de seriedad, la que produce la percepción total. Uno no tiene los ojos para ver la totalidad de una sola mirada; esta claridad de visión es posible solamente si uno puede ver los detalles y luego da el salto.

Algunos de nosotros, a fin de librarnos de la violencia, hemos usado un concepto, un ideal llamado la no violencia, y pensamos que teniendo un ideal de lo opuesto a la violencia, o sea, la no violencia, podemos desembarazarnos del hecho, de lo real, pero no podemos. Hemos tenido un sinnúmero de ideales, todos los libros sagrados están llenos de ellos; sin embargo, aún somos violentos. Entonces, ¿por qué no tratar con la violencia misma, olvidando del todo la palabra?

Si usted quiere comprender lo real, debe prestarle la totalidad de su atención, la totalidad de su energía. Esa atención y energía se perturban cuando usted crea un mundo ficticio, ideal. Por tanto, ¿puede usted desterrar por completo el ideal? El hombre realmente serio, a quien le urge descubrir qué es la verdad, qué es el amor, no tiene concepto alguno. Vive solamente en lo que es.

Para investigar el hecho de su propia cólera, usted no debe someterla a juicio, porque tan pronto concibe lo opuesto la condena y, por tanto, ya no puede verla tal como es. Cuando usted dice que alguien le inspira aversión o que usted lo odia, este es un hecho, aunque parezca terrible. Si usted lo observa, si lo examina de una manera completa, el hecho cesa. Pero si usted dice: «No debo odiar, debo tener amor en mi corazón», entonces está viviendo en un mundo hipócrita de doble moral. Vivir plenamente, completamente, en el momento, es vivir con lo que es, con lo real, sin un sentido de condenación ni de justificación. Entonces es tal la plenitud de su comprensión que el hecho ha terminado para usted. Cuando usted ve con claridad, el problema se soluciona.

¿Pero puede usted ver el rostro de la violencia con total claridad? Su rostro, no sólo el externo, sino también el interno que hay en usted. Esto significa que usted está totalmente libre de la violencia porque no ha dependido de ideología alguna para desembarazarse de ella. Esto requiere una meditación muy honda, no meramente una conformidad o disconformidad verbal.

Usted ha leído ahora una serie de afirmaciones, ¿pero las ha entendido de verdad? Su mente condicionada, su modo de vida, toda la estructura de la sociedad en que vive, le impiden observar un hecho y verse libre de él total e inmediatamente. Usted dice: «Lo pensaré, consideraré si es posible librarme o no de la violencia. Trataré de ser libre». Esta es una de las peores afirmaciones que usted pueda hacer: «Trataré». No existe eso de tratar de hacer, o hacer todo lo posible; o lo hace usted, o no lo hace. Usted está dejando que intervenga el tiempo mientras la casa se quema. La casa está en llamas como resultado de la violencia en todo el mundo y en usted mismo; no obstante, usted dice: «Déjeme pensarlo, ¿qué ideología conviene más para apagar el fuego?». Cuando la casa está en llamas, ¿discute usted por el color del pelo del hombre que va a traer el agua?

Las relaciones - El conflicto - La soledad - La pobreza
Las drogas - La dependencia - La comparación
El deseo - Los ideales - La hipocresía

El cese de la violencia, problema que hemos venido examinando, no es necesariamente un estado mental de paz en sí mismo y, por tanto, de paz en toda clase de relaciones.

La relación entre los seres humanos tiene su base en el mecanismo defensivo creador de imágenes. En todas nuestras relaciones, cada uno de nosotros creamos una imagen del otro, y estas dos imágenes sostienen las relaciones, no los seres humanos mismos. La mujer tiene una imagen del marido —quizás inconsciente, pero ahí está, sin embargo— y el marido, de la esposa. Tenemos una imagen de nuestro país y de nosotros mismos, y estamos siempre fortaleciéndolas, acrecentándolas cada vez más. Y son estas imágenes las que sostienen relaciones entre sí. La verdadera relación entre dos seres humanos o entre muchos seres humanos cesa por completo cuando existe esta formación de imágenes.

Es evidente que la relación entre las imágenes nunca puede traer paz en la convivencia, porque tales imágenes son ficticias, y no podemos vivir en una abstracción. Sin embargo, esto es lo que todos hacemos: vivir de ideas, de teorías, de símbolos, de imágenes que hemos creado de nosotros mismos y de los demás, que no son realidades en absoluto. Todas nuestras relaciones, ya sean con la propiedad, con las ideas o con las personas, se basan esencialmente en esta formación de imágenes, y de ahí que siempre haya conflicto.

¿Cómo es posible, entonces, estar por completo en paz internamente y en toda relación con los demás? Después de todo, la vida es un movimiento de relaciones, de otro modo no hay vida en absoluto, y si ésta se basa en una abstracción, una idea o una suposición especulativa, tal vivir abstracto debe inevitablemente producir una relación que se convierte en campo de batalla. ¿Será, pues, de alguna manera posible vivir una vida interior completamente ordenada, sin ninguna forma de apremio, imitación, represión o sublimación? ¿Puede el hombre generar tal orden dentro de sí mismo que sea una cualidad viva que no se apoye en un marco de ideas —una tranquilidad interior jamás perturbada— ni en algún mítico mundo abstracto de fantasías, sino en la vida diaria de la casa y la oficina?

Creo que tenemos que examinar esta cuestión muy cuidadosamente, porque no hay un sitio en nuestra conciencia que no esté tocado por el conflicto. En todas nuestras relaciones, ya sea con la persona más allegada, con un vecino o con la sociedad, el conflicto existe; conflicto que es contradicción, división, separación, dualidad. Cuando nos observamos a nosotros mismos y nuestras relaciones con la sociedad, vemos que en todos los niveles de nuestro ser hay conflicto, mayor o menor, el cual conduce a respuestas muy superficiales o a resultados devastadores.

El hombre ha aceptado el conflicto como parte inherente de su existencia diaria, porque entiende que la competición, los celos, la codicia, la avaricia y la agresión son una forma natural de vivir. Cuando creemos en ese modo de vida, aceptamos la estructura de la sociedad tal como es, y vivimos dentro de las normas de la respetabilidad. Y en eso estamos atrapados la mayoría de nosotros, pues queremos ser respetabilísimos. Al examinar nuestra mente y corazón, nuestro modo de pensar, nuestro modo de sentir y de actuar diariamente, observamos que mientras cumplamos con las normas de la sociedad, la vida tiene que ser un campo de batalla. Si no aceptamos esas normas —y ninguna persona realmente religiosa podría aceptarlo— entonces estaremos completamente libres de la estructura psicológica de la sociedad.

Muchos de nosotros tenemos bienes sociales en abundancia. Lo que la sociedad ha creado en nosotros y lo que hemos creado en nosotros mismos son la codicia, la envidia, la ira, el odio, los celos, la ansiedad, y con todo esto somos muy ricos. Las diversas religiones del mundo han predicado la pobreza. El monje toma para sí un manto, cambia su nombre, se afeita la cabeza, vive en una celda y hace voto de pobreza y castidad; en Oriente tiene un taparrabos, un capisayo, una comida diaria, y todos respetamos tal pobreza. Pero esos hombres que han tomado el hábito de pobreza son todavía, interna y psicológicamente, ricos en bienes sociales, porque aún buscan posición y prestigio; pertenecen a esta o aquella orden, a esta o aquella religión; aún viven en divisiones de cultura, de tradición. Eso no es pobreza. La pobreza consiste en estar por completo libre de la sociedad, aunque se tengan unos cuantos trajes, un poco más de comida. ¡Dios mío! ¿Le importa a alguien todo esto? Pero por desgracia, en la mayor parte de la gente existe esta urgencia de exhibicionismo.

Cuando la mente está libre de la sociedad, la pobreza se convierte en algo maravillosamente hermoso. Uno tiene que llegar a ser pobre internamente porque así cesa la búsqueda, la demanda, los deseos, ¡todo! Es sólo esta pobreza interna la que puede ver la verdad de la vida en que no hay conflicto en absoluto. Una vida así es la bendición que no puede encontrarse en ninguna iglesia o templo.

¿Cómo es posible, entonces, librarnos de la estructura psicológica de la sociedad, que significa estar libre de la esencia del conflicto? No es difícil eliminar ciertas partes del conflicto, pero nos preguntamos si sería posible vivir en completa tranquilidad interior y, por tanto, exterior. Esto no quiere decir que vayamos a vegetar o estancarnos. Al contrario, nos convertiremos en seres dinámicos, llenos de vitalidad y energía.

Para comprender y estar libre de cualquier problema, necesitamos una gran cantidad de energía apasionada y sostenida, no sólo física e intelectual, sino una energía independiente de todo motivo de estímulo psicológico o de droga alguna. Si dependemos de cualquier estímulo, ese mismo estímulo entorpece la mente y la vuelve insensible. Cuando tomamos alguna droga quizás encontremos temporalmente suficiente energía para ver las cosas con mucha claridad, pero luego retrocedemos a nuestro estado anterior y, por tanto, dependemos de la droga cada vez más. Así pues, todo estímulo, ya sea de la iglesia, del alcohol, de las drogas o de la palabra hablada o escrita, producirá dependencia inevitablemente, y esa dependencia impide que veamos con claridad por nosotros mismos y, en consecuencia, que tengamos una energía vital.

Por desgracia, todos dependemos psicológicamente de algo. ¿Por qué dependemos? ¿Por qué esta urgencia por depender de algo? Estamos haciendo este viaje juntos; no tiene usted que esperar a que yo le diga las causas de su dependencia. Si investigamos juntos, ambos lo descubriremos y, por tanto, este descubrimiento será propio de usted, y siendo así le dará vitalidad.

Yo descubro por mí mismo que dependo de algo. Por ejemplo, de un auditorio que me estimula. De ese auditorio, del acto de dirigirme a un grupo de gente, obtengo algún tipo de energía. Por tanto, dependo de ese auditorio, de esas gentes, tanto si están de acuerdo conmigo como si no. Mientras más en desacuerdo estén, más vitalidad recibo. Si están de acuerdo, se vuelve en algo trivial y vacío. Así, descubro que necesito un auditorio porque es algo muy estimulante dirigirse a la gente. ¿Por qué? ¿Por qué dependo de ellos? Porque estoy vacío. Porque no hay nada en mi interior, no tengo dentro de mí una fuente abundante, rica, vital, fluida, viva. Por eso dependo de algo. He descubierto la causa.

Pero el descubrimiento de la causa, ¿me librará de la dependencia? El descubrimiento de la causa es meramente intelectual; es obvio, por tanto, que no me libraré de su dependencia. La simple aceptación intelectual de una idea, o la conformidad emocional con una ideología, no puede liberar a la mente de algo que la estimulará. Lo que libera a la mente es ver toda la estructura y naturaleza del estímulo y de la dependencia, y como esa dependencia la entorpece, la vuelve estúpida e inactiva. Sólo cuando ve esa totalidad, se libera la mente.

Así pues, debo investigar qué significa ver de una manera total. Pero no podré ver la totalidad mientras esté observando la vida desde un determinado punto de vista, o desde una experiencia concreta que he guardado con mimo, o desde algún conocimiento especial que he almacenado, lo cual constituye mi pasado, mi «yo». He descubierto intelectualmente, verbalmente, mediante el análisis, la causa de mi dependencia, pero cualquier cosa que el pensamiento investigue tiene que ser fragmentario inevitablemente, de ahí que sólo pueda ver la totalidad de algo cuando el pensamiento no interfiera.

Entonces veo el hecho de mi dependencia; veo realmente lo que es. Lo veo sin agrado o desagrado; no quiero deshacerme de esa dependencia, ni librarme de la causa de ella. La observo, y cuando hay una observación de esta clase, tengo una visión completa, no un fragmento, y cuando la mente tiene una visión completa, hay libertad. Ahora he descubierto que la energía se disipa cuando hay fragmentación. He descubierto la fuente misma de la disipación de energía.

Usted puede pensar que no hay pérdida de energía si imita, si acepta la autoridad, si depende de sacerdotes, del ritual, del dogma, del partido o de alguna ideología. Pero el seguir y aceptar una ideología, ya sea buena o mala, ya sea sagrada o profana, es una actividad fragmentaria y, por tanto, una causa de conflicto. El conflicto surge inevitablemente mientras haya división entre lo «que es» y lo «que debería ser». Y cualquier conflicto es un desperdicio de energía.

Si se hace la pregunta de cómo librarse del conflicto, usted está creando otro problema y, por tanto, acrecentando el conflicto. Por el contrario, si simplemente lo ve como un hecho, como vería cualquier objeto concreto de una manera clara y directa, entonces comprenderá en lo esencial la belleza de una vida en la cual no hay conflicto en absoluto.

Digámoslo de otro modo. Siempre estamos comparando lo que somos con lo que deberíamos ser. El «deberíamos ser» es una proyección de lo que creemos que tendríamos que ser. Hay contradicción cuando usted se compara, no sólo con algo o con alguien, sino también con lo que fue ayer, y de ahí surge el conflicto entre lo que ha sido y lo que es. Existe lo que es solamente cuando no hay comparación alguna. Y vivir con lo que es significa ser pacífico. En tal caso usted puede poner toda su atención, sin ninguna distracción, en lo que está dentro de usted mismo —ya sea desesperación, violencia, brutalidad, temor, ansiedad, soledad— y vivir de una manera total con todo ello. Entonces no hay contradicción ni, en consecuencia, conflicto.

No obstante, siempre estamos comparándonos: con los que son más ricos, o más brillantes, más intelectuales, más afectuosos, más famosos, más esto o más aquello. El «más» juega una parte extraordinariamente importante en nuestras vidas; este medirnos todo el tiempo con algo o con alguien es una de las causas principales del conflicto.

Pero ¿por qué tiene que haber comparación? ¿Por qué se compara usted con otro? Se le ha enseñado a comparar desde la niñez. En toda escuela, A es comparado con B, y A se destruye a sí mismo para ser como B. Cuando usted no compara en absoluto, cuando no hay ideal, ni opuesto, ni factor de dualidad, cuando usted ya no lucha por ser diferente de lo que es, ¿qué le ocurre a su mente? Su mente cesa de crear lo opuesto y se vuelve sumamente inteligente, sumamente sensible, capaz de inmensa pasión, ya que el esfuerzo es un desperdicio de pasión, o sea, de energía vital, y usted no puede hacer nada sin pasión.

Si no se compara con otro, será lo que usted es. Por medio de la comparación, usted espera evolucionar, crecer, volverse más inteligente, más hermoso. Pero ¿lo será usted? El hecho es lo que usted es y al compararse está fragmentando el hecho, lo cual es una pérdida de energía. Ver lo que usted es realmente, sin ninguna comparación, le da una tremenda energía para observar. Cuando puede verse sin compararse con nadie, se coloca más allá de la comparación, lo cual no significa que la satisfacción haya estancado la mente. Así, vemos en esencia cómo la mente derrocha la energía que es tan necesaria para comprender la totalidad de la vida.

No quiero saber con quién estoy en conflicto; no quiero conocer los conflictos superficiales de mi vida. Lo que quiero saber es por qué tiene que existir el conflicto. Cuando me planteo esta cuestión, veo un problema fundamental que nada tiene que ver con los conflictos secundarios y sus soluciones. Estoy interesado en el problema esencial, y veo —tal vez ustedes también lo vean— que la misma naturaleza del deseo, si no se comprende de forma adecuada, tiene que conducir inevitablemente al conflicto.

El deseo está siempre en contradicción. Quiero cosas contradictorias, lo cual no implica que deba destruir el deseo, reprimirlo, controlarlo o sublimarlo. Simplemente veo que en sí mismo es contradictorio. No son los objetos que deseamos, sino la naturaleza misma del deseo lo que es contradictorio. Y tengo que comprender la naturaleza del deseo antes de que pueda comprender el conflicto. Internamente nos hallamos en contradicción, y ese estado de contradicción es producto del deseo, que va dirigido a buscar el placer y evitar el dolor. Ya hemos examinado este asunto anteriormente.

Así pues, vemos el deseo como la raíz de toda contradicción: querer algo y no quererlo; una actividad dual. El hacer algo placentero no implica ningún esfuerzo, ¿no es cierto? Pero el placer acarrea dolor, y entonces hay una lucha por evitar el dolor, que es, por otra parte, una disipación de energía. ¿Por qué tiene que haber dualidad? Existe, por supuesto, la dualidad en la Naturaleza —hombre y mujer, luz y sombra, noche y día—; pero internamente, psicológicamente, ¿por qué hay dualidad? Por favor, piense esto conmigo, no espere que yo lo explique. Tiene que ejercitar su propia mente para descubrirlo. Mis palabras son sólo un espejo en el que usted se observa. ¿Por qué tenemos esta dualidad psicológica? ¿Es acaso que se nos ha educado para comparar siempre lo «que es» con lo que «debería ser»? Nos hemos condicionado con lo que es correcto y lo que es equivocado, lo que es bueno y lo que es malo, lo que es moral y lo que es inmoral. ¿Ha surgido esta dualidad porque creemos que pensar en lo opuesto de la violencia, de los celos, de la envidia, de la maldad, nos ayudará a desembarazarnos de esas cosas? ¿Usamos lo opuesto como un trampolín para liberarnos de lo que es? ¿O es un escape de lo real?

¿Usa usted lo opuesto como un medio de evadir la realidad, con la que no sabe enfrentarse? ¿O acaso es porque se le ha dicho durante siglos de propaganda que usted debe tener un ideal, lo opuesto de «lo que es», a fin de enfrentarse al presente? Cuando usted tiene un ideal, piensa que le ayudará a librarse de lo «que es», pero nunca es así. Usted puede predicar la no violencia durante toda su vida y, a la vez, no dejar de sembrar las semillas de la violencia.

Usted tiene un concepto de lo que debería ser, y de cómo debería actuar, pero en realidad sus actos son muy diferentes; por eso ve que esos principios, creencias e ideales tienen que llevar inevitablemente a la hipocresía y a una vida falsa. El ideal es el que crea lo opuesto de lo «que es»; por tanto, si sabe cómo estar con lo «que es», entonces lo opuesto no es necesario.

Tratar de ser como alguna otra persona, o como su ideal, es una de las causas principales de contradicción, confusión y conflicto. Una mente que está confusa no importa lo que haga; en cualquier caso, seguirá confusa; cualquier acción nacida de la confusión lleva a más confusión. Yo veo esto con total claridad; lo veo con tanta claridad como vería un peligro físico inmediato. Entonces, ¿qué ocurre? Dejo de actuar desde la confusión. La inacción, por tanto, es acción completa.

8

*La libertad - La rebelión
La soledad interna - La inocencia
Vivir con nosotros tal como somos*

Ninguno de los sufrimientos de la represión, ni la brutal disciplina para someterse a una norma, han conducido a la verdad. Para llegar a la verdad, la mente debe ser completamente libre, sin el más leve asomo de distorsión.

Pero primero preguntémonos si deseamos realmente ser libres. Cuando hablamos de libertad, ¿estamos hablando de libertad total o de liberarnos de algo enojoso, inconveniente o desagradable? Nos gustaría liberarnos de penosos y desagradables recuerdos y de experiencias desdichadas, pero conservar las ideologías, proyectos y relaciones que nos llenan de placer y satisfacción. Sin embargo, conservar lo uno sin lo otro es imposible porque, como hemos visto, el placer es inseparable del dolor.

Así, corresponde a cada uno de nosotros decidir si queremos, o no, ser completamente libres. Si decimos que sí, entonces tenemos que comprender la naturaleza y la estructura de la libertad.

¿Hay libertad cuando usted se libera de algo, del dolor o de alguna clase de ansiedad? ¿O es la libertad en sí misma algo por completo diferente? Usted puede liberarse de los celos, por ejemplo, pero ¿no es eso una reacción y, por tanto, no es libertad en absoluto? Usted puede liberarse de un dogma fácilmente, analizándolo, rechazándolo, pero el motivo que tuvo para liberarse de ese dogma tiene su propia reacción porque el deseo de estar libre del mismo se debe, quizás, a que ya no le conviene o no está de moda. O bien, usted puede liberarse del nacionalismo porque cree en el internacionalismo, o porque siente que ya no es económicamente necesario adherirse a ese desatinado dogma nacionalista con su bandera y todas esas tonterías. Usted puede fácilmente desechar eso. O puede usted reaccionar contra un líder espiritual o político que le ha prometido la libertad como resultado de alguna disciplina o rebelión. Pero ¿tiene tal racionalismo, tal conclusión lógica, algo que ver con la libertad?

Si usted dice que está libre de algo, su actitud es una reacción, la cual se convertirá después en otra reacción, que a su vez producirá otra forma de conformismo o de dominio. En este caso, usted puede tener una cadena de reacciones y aceptar cada una de ellas como libertad. Pero no lo es; es la simple continuación de un pasado modificado al que la mente se apega.

La juventud de hoy, como toda juventud, está en rebelión contra la sociedad, y eso es bueno en sí mismo, pero la rebelión no es libertad, porque cuando usted se rebela sólo está reaccionando. Y esa reacción establecerá su propia pauta en la cual se verá atrapado otra vez. Usted piensa que es algo nuevo, pero no lo es; es lo viejo en un molde distinto. Cualquier rebelión social o política, inevitablemente, regresa a la antigua y buena mentalidad burguesa.

La libertad sólo surge cuando usted ve y actúa, nunca a través de la rebelión. Ver es actuar, y tal acción es tan instantánea como cuando usted se enfrenta a un peligro. Entonces no funciona su cerebro; usted no discute o vacila; el peligro mismo lo compele a actuar. Por tanto, ver es actuar y ser libre.

La libertad es un estado de la mente, no verse libre de algo, sino la sensación de libertad; libertad para dudar e investigarlo todo; por tanto, tan intensa, activa y vigorosa que rechaza toda forma de dependencia, de esclavitud, de conformismo y aceptación. Tal libertad implica estar completamente solo. Pero ¿podrá la mente educada en una cultura que depende tanto del ambiente y de sus propias tendencias encontrar alguna vez esa libertad; o sea, una vida de completa soledad en la cual no hay liderazgo, ni tradiciones, ni autoridad?

Esta soledad es un estado interior de la mente que no depende de estímulo, de conocimiento alguno, y que no es resultado de ninguna experiencia o conclusión. Muchos de nosotros jamás estamos solos internamente. Existe una diferencia entre el aislamiento, la propia separación y el quedarse a solas consigo mismo; la soledad interna. Todos sabemos lo que es estar aislados: construir un muro a nuestro alrededor para nunca ser heridos, nunca ser vulnerables; o cultivar el desapego, que es otra forma de sufrimiento; o vivir en la soñadora torre de marfil de alguna ideología. La soledad interna es algo muy distinto.

Usted nunca está solo, porque está lleno de todos los recuerdos, de todo el condicionamiento, de todos los murmullos del ayer; su mente jamás se halla libre de los residuos que ha acumulado. Para estar solo debe usted morir al pasado. Cuando está solo, totalmente solo, sin pertenecer a ninguna familia, a ninguna nación, a ninguna cultura, a ningún determinado continente, usted experimenta la sensación de ser un extraño. El hombre que está completamente solo de esta forma es inocente, y esa inocencia libera la mente del dolor.

Llevamos sobre nosotros la carga de lo que han dicho miles de personas y el recuerdo de nuestros infortunios. Abandonar por completo todo eso es estar solo, y la mente que está sola, además de inocente, es joven, no en tiempo o años de vida, sino joven, inocente, vivaz a cualquier edad, y sólo una mente así puede ver aquello que es la verdad y aquello que no puede medirse con palabras.

En esta soledad interna usted empezará a comprender la necesidad de vivir con usted mismo tal como es, no como piensa que debería ser o como ha sido antes. Vea si puede observarse usted mismo sin estremecimiento, sin falsa modestia, temor, justificación o condenación alguna, simplemente viva con usted mismo como es usted en realidad.

Sólo cuando usted vive con algo íntimamente, empieza a comprenderlo, pero tan pronto como se habitúa se acostumbra a su propia ansiedad, envidia o lo que sea y ya no está viviendo con ello. Si usted vive junto a un río, luego de pocos días no oye el sonido del agua, o si tiene un cuadro en su habitación que está viendo todos los días, ya no se da cuenta de él después de una semana. Y ocurre igual con las montañas, los valles, los árboles, y lo mismo con su familia, su esposo, su esposa. Pero cuando vive con algo como los celos, la envidia o la ansiedad, nunca debe acostumbrarse a ello ni aceptarlo. Usted debe cuidarlo, como cuidaría un árbol recién plantado protegiéndolo contra el sol, contra las tormentas. Debe interesarse por ello sin condenación o justificación alguna. De esta manera empieza a amarlo. Cuando despierta su interés, comienza a amarlo. No es que usted ame el hecho de ser envidioso o impaciente, como sucede con muchas personas, sino más bien que usted se interesa por observar este hecho.

Así, ¿puede usted —podemos usted y yo— vivir con lo que realmente somos, sabiendo que somos torpes, envidiosos, miedosos, creyéndonos tremendamente afectivos sin serlo y sintiéndonos fácilmente humillados, adulados y aburridos? ¿Podemos vivir con todo eso, sin aceptarlo ni rechazarlo, simplemente observándolo sin ponernos morbosos, deprimidos o exaltados?

Hagámonos otra pregunta más. ¿Se logrará con el tiempo esta libertad, esta soledad interna, este ponerse en contacto con toda la estructura de lo que somos internamente? En otras palabras, ¿se logra la libertad por un proceso gradual? Es evidente que no, porque tan pronto le da paso al tiempo usted está esclavizándose cada vez más. Usted no puede llegar a ser libre gradualmente, no es cuestión de tiempo.

La siguiente pregunta sería: ¿Puede usted llegar a ser consciente de esa libertad? Si dice que es libre, entonces no lo es. Es como el hombre que dice que es feliz. Tan pronto como dice que es feliz, está viviendo con el recuerdo de algo que se ha ido. La libertad sólo puede venir naturalmente, sin desearla, quererla, anhelarla. Tampoco la encontrará creando una imagen de lo que usted piensa que es. Para llegar a ella, la mente tiene que aprender a observar la vida, que es un inmenso proceso, sin las ataduras del tiempo, porque la libertad radica más allá del campo de la consciencia.

9

El tiempo - El dolor - La muerte

Me siento tentado de repetir el relato acerca de un gran discípulo que le rogó a Dios que le enseñara la verdad. El pobre Dios, dijo: «Amigo mío, ¡hace un día tan caluroso! Por favor, dame un vaso de agua». Se va el discípulo y toca a la puerta de la primera casa que encuentra, donde le recibe una hermosa mujer. El discípulo se enamora de ella, se casan y tienen varios hijos. Sucede que un día empieza a llover y no deja de llover, llover y llover; crecen los torrentes, las calles se inundan, las casas son barridas por el agua. El discípulo agarra con fuerza a su mujer y carga a los hijos sobre los hombros, y cuando lo está arrastrando la corriente, clama: «Señor, por favor, sálvame». Y el Señor le dice: «¿Dónde está el vaso de agua que te pedí?».

Este es un relato bastante bueno, porque la mayoría de nosotros pensamos en función del tiempo. El hombre vive del tiempo. Inventar el futuro ha sido su juego de escape favorito.

Creemos que el cambio en nosotros puede realizarse con el tiempo, que el orden interior puede establecerse poco a poco, aportando algo cada día. Pero el tiempo no trae orden ni paz; por tanto, debemos dejar de pensar en la progresividad. Esto significa que no hay un mañana en el que llegaremos a ser pacíficos. Tenemos que poner orden inmediatamente.

Cuando hay un verdadero peligro, el tiempo desaparece, ¿no es así? Hay acción inmediata. Sin embargo, no vemos el peligro de muchos de nuestros problemas y por eso inventamos el tiempo como medio de superarlos. El tiempo es un impostor que en nada nos ayuda a llevar a cabo el cambio en nosotros mismos. El tiempo es un proceso que el hombre ha dividido en pasado, presente y futuro, y mientras lo siga dividiendo siempre estará en conflicto.

¿Es aprender cuestión de tiempo? No hemos aprendido en estos miles de años que hay una vida mejor que no sea odiarnos y matarnos unos a otros. Es muy importante que comprendamos el problema del tiempo si queremos cambiar esta vida que se ha hecho tan monstruosa y tan vacía por culpa nuestra.

Debemos primero comprender que sólo se puede observar el tiempo con esa frescura e inocencia de mente de las que ya hemos hablado. Estamos confusos por nuestros múltiples problemas y nos sentimos perdidos en esa confusión. Ahora bien, cuando uno está perdido en un bosque, ¿qué es lo primero que hace? Detenerse, ¿no es así? Uno se detiene y mira a su alrededor. Pero mientras más perdidos y confusos nos sentimos en la vida, más corremos dando vueltas, buscando, preguntando, exigiendo, rogando. Así pues, si me permite sugerirlo, primero deténgase por completo para observar en su interior, porque cuando usted de verdad se detiene en lo interno, en lo psicológico, su mente se vuelve muy lúcida, muy serena. Entonces puede realmente observar esta cuestión del tiempo.

Los problemas existen sólo en el tiempo; esto es, cuando hacemos frente a una situación de forma incompleta. Este acercamiento a medias crea el problema. Cuando afrontamos un reto de manera parcial, fragmentaria, o intentamos escapar de él, es decir, cuando lo enfocamos sin prestarle toda nuestra atención, creamos un problema. Y el problema continúa mientras persistimos en prestarle atención incompleta, mientras esperamos resolverlo un día de éstos.

¿Sabe usted qué es el tiempo? No según el reloj, no el tiempo cronológico, sino el psicológico. Es el intervalo entre la idea y la acción. Una idea evidentemente nos viene para la propia protección, para estar seguros. La acción siempre es inmediata; no pertenece al pasado ni al futuro. Se debe actuar siempre en el presente, pero la acción es tan peligrosa, tan insegura, que seguimos una idea porque confiamos en que nos dé cierta seguridad.

Observe esto en usted mismo. Usted tiene una idea de lo que es correcto o equivocado, o un concepto ideológico acerca de usted y de la sociedad, y de acuerdo con esta idea se dispone a actuar. Por tanto, la acción está de acuerdo con esa idea, se aproxima a esa idea, y de aquí que siempre haya conflicto. Existe la idea, el intervalo y la acción. Y en ese intervalo está todo el campo del tiempo. Ese intervalo es esencialmente pensamiento. Cuando usted piensa que será feliz mañana, tiene una imagen de sí mismo logrando cierto resultado con el tiempo. El pensamiento, por medio de la observación, por medio del deseo y la continuidad de ese deseo, sustentado por ulteriores pensamientos, dice: «Mañana seré feliz, mañana tendré éxito, mañana el mundo será un lugar hermoso». Así es que el pensamiento crea este intervalo que es el tiempo.

Nos preguntamos si podemos detener el tiempo, si podemos vivir tan completamente que el pensamiento no tenga un mañana en qué pensar. Porque el tiempo es dolor. Es decir, ayer, o tiempo atrás, usted amaba, o tenía un compañero que se ha ido, y ese recuerdo perdura, y usted piensa en ese placer y en ese dolor; usted está mirando hacia atrás, deseando, esperando, lamentándose, y así el pensamiento dándole vueltas una y otra vez engendra eso que llamamos dolor y le da continuidad al tiempo.

Mientras haya este intervalo de tiempo que ha sido engendrado por el pensamiento, tiene que haber dolor, tiene que existir la continuidad del temor. Por eso uno se pregunta si puede terminar este intervalo. Si usted dice: «¿Terminará alguna vez?», ya está formulando una idea, algo que quiere lograr, y así usted crea un intervalo y de nuevo se ve atrapado en él.

Veamos ahora la cuestión de la muerte, lo cual es un tremendo problema para la mayoría. Usted conoce la muerte, ahí está caminando a su lado, día tras día. ¿Será posible hacerle frente de una manera tan completa que no sea para usted un problema en absoluto? Para hacerlo, toda creencia, toda esperanza, todo temor debe terminar; si no, usted está enfrentándose a esto tan extraordinario a través de una conclusión, de una imagen, con una ansiedad premeditada y, por tanto, se está enfrentando a ella con el tiempo.

El tiempo es el intervalo entre el observador y lo observado. Es decir, el observador, usted, tiene miedo de enfrentarse con eso que llamamos muerte. Usted no sabe lo que significa; usted tiene toda clase de esperanzas y teorías acerca de ella; usted cree en la reencarnación o en la resurrección, o en algo llamado el alma, el atman, una entidad espiritual eterna que se designa con diferentes nombres. Pero ¿ha experimentado por usted mismo si existe el alma? ¿Es una idea que le han transmitido a usted? ¿Hay algo permanente, continuo, que está más allá del pensamiento? Si el pensamiento puede pensar en ello, está dentro de su radio de acción y, por tanto, no puede ser permanente, porque no existe nada permanente dentro del campo del pensamiento. Descubrir que no hay nada permanente es de una tremenda importancia, pues sólo entonces la mente está libre, solamente entonces puede usted observar, y en esa observación hay gran gozo.

Usted no puede tener miedo a lo desconocido, pues no sabe qué es lo desconocido; por tanto, no hay nada que temer. La muerte es una palabra, y es la palabra, la imagen, la que crea el temor. Así que, ¿podría usted observar la muerte sin la imagen de la muerte? Mientras exista la imagen de la cual surge el pensamiento, éste siempre tiene que crear temor. Entonces usted, o bien racionaliza su temor a la muerte y ofrece resistencia contra lo inevitable, o inventa innumerables creencias para protegerse del temor a la muerte. De aquí que haya una distancia entre usted y lo que teme. En este intervalo de espacio-tiempo tiene que haber conflicto; o sea, temor, ansiedad y lástima de sí mismo. El pensamiento, que engendra el temor de la muerte, dice: «Vamos a posponerla, a evitarla, a mantenerla tan lejos como sea posible; no pensemos en ella», pero usted no deja de pensar en ella. Cuando dice: «No quiero pensar en ella», ya ha pensado cómo evadirla. Usted teme a la muerte porque la ha postergado.

Hemos separado el vivir del morir, y el intervalo entre el vivir y el morir es el temor. Este intervalo, ese tiempo, es creado por el temor. Vivir es para nosotros una tortura diaria, insultos diarios, dolor y confusión; sólo ocasionalmente se nos abre una ventana hacia mares encantados. Esto es lo que llamamos vivir, y tememos morir, lo cual terminaría con tal infortunio. Más que enfrentarnos a lo desconocido nos apegamos a lo conocido: nuestra casa, nuestros muebles, nuestra familia, nuestro carácter, nuestro trabajo, nuestros conocimientos, nuestra fama, nuestra soledad, nuestros dioses, esa pequeñez que se mueve incesantemente dentro de sí misma con su propio y limitado patrón de una existencia amargada.

Pensamos que el vivir está siempre en el presente y que el morir es algo que nos espera en el tiempo distante. Pero nunca hemos cuestionado si esta batalla del vivir diario es vida en modo alguno. Queremos saber la verdad acerca de la reencarnación; queremos pruebas de la supervivencia del alma, escuchamos las afirmaciones de los clarividentes y las conclusiones de la investigación psíquica, pero nunca preguntamos, nunca, cómo debemos vivir: vivir cada día con deleite, con fascinación, con belleza. Hemos aceptado la vida tal como es, con todo su sufrimiento y desesperación, y nos hemos acostumbrado a ella. Y pensamos en la muerte como algo que debe evitarse cuidadosamente. Pero la muerte es tan extraordinaria como la vida cuando sabemos vivir. Usted no puede vivir sin morir. No puede vivir si no muere psicológicamente a cada minuto. Esta no es una paradoja intelectual. Para vivir cada día de manera plena, total, como si todo tuviera un nuevo encanto, debe morir a todas las cosas del ayer; si no, usted vive mecánicamente, y una mente mecánica nunca podrá saber qué es el amor ni qué es la libertad.

Muchos de nosotros tememos morir porque no sabemos lo que significa vivir. No sabemos vivir y, por tanto, no sabemos morir. Mientras estemos temerosos de la vida estaremos temerosos de la muerte. El hombre que no le tiene miedo a la vida, no teme sentirse completamente inseguro, pues comprende que internamente, psicológicamente, no hay seguridad. Cuando no hay seguridad, hay un movimiento que nunca termina y entonces la vida y la muerte son iguales. El hombre que vive sin conflicto, que vive con belleza y amor, no teme a la muerte, porque amar es morir.

Si usted muere a todas las cosas que conoce, incluyendo su familia, sus recuerdos, todo lo que ha sentido, entonces la muerte es una purificación, un proceso rejuvenecedor; entonces de la muerte nace la inocencia. Y sólo el inocente es apasionado; no así la persona que cree, o que quiere descubrir lo que ocurre después de la muerte.

Para descubrir realmente lo que sucede cuando se muere, usted debe morir. Esto no es un chiste. Usted debe morir, no físicamente, sino psicológicamente, internamente, morir a las cosas que ha amado y a las cosas que le producen amargura. Si usted ha muerto a alguno de sus placeres, al más pequeño o al más grande, de un modo natural, sin esfuerzo ni argumentación, entonces usted sabrá lo que significa morir. Morir es tener una mente vacía de sí mismo, vacía de sus diarios placeres, anhelos y sufrimientos. La muerte es una renovación, una mutación en la que el pensamiento no actúa en absoluto, porque todo pensamiento es viejo. Cuando se muere, surge algo totalmente nuevo. Liberarse de lo conocido es morir, y entonces usted está viviendo.

10

El amor

El deseo urgente de seguridad en nuestras relaciones engendra, inevitablemente, dolor y temor. Esta búsqueda de seguridad está invitando a la inseguridad. ¿Ha encontrado usted seguridad alguna vez en cualquiera de sus relaciones? ¿La ha encontrado? La mayoría de nosotros queremos estar seguros de amar y ser amados, pero ¿hay amor cuando cada uno está buscando su propia seguridad, su camino particular? No somos amados porque no sabemos amar.

¿Qué es el amor? La palabra está tan manipulada y corrompida que apenas me gusta usarla. Todos hablan del amor; las revistas, los periódicos y también los misioneros; todos hablan interminablemente del amor. Yo amo a mi país, amo a mi rey, amo algún libro, amo esa montaña, amo el placer, amo a mi mujer, amo a Dios. ¿Es el amor una idea? Si es así, puede ser cultivada, nutrida, acariciada, llevada y traída, deformada de cualquier manera que usted quiera. Cuando usted afirma que ama a Dios, ¿qué quiere decir? Quiere decir que ama una proyección de sí mismo, revestida con cierta forma de respetabilidad de acuerdo con lo que usted piensa que es noble y sagrado; decir, pues, «yo amo a Dios», es un absoluto contrasentido. Cuando usted adora a Dios, se está adorando a sí mismo, y eso no es amor.

Como no podemos resolver este delicado asunto del amor, nos perdemos en abstracciones. El amor puede ser la solución definitiva a todas las dificultades del hombre, a sus problemas y afanes. ¿Cómo, pues, podemos descubrir qué es el amor? ¿Meramente definiéndolo? La Iglesia lo ha definido de una manera, la sociedad de otra, y hay toda clase de desviaciones y perversiones. Adorar a alguien, dormir con alguien, el intercambio afectivo, el compañerismo, ¿es eso lo que significa para nosotros el amor? Tal ha sido la norma, la pauta, y se ha vuelto tan tremendamente personal, sensual y mezquino, que las religiones han declarado que el amor es algo mucho más que eso. En lo que llaman amor humano, ellas ven el placer, la competencia, los celos, el deseo de poseer, de retener, de dominar a otros y de interferir con su manera de pensar, y conociendo la complejidad de todo esto, dicen que debe haber otra clase de amor: divino, hermoso, intocable, incorruptible.

Por todo el mundo, los hombres llamados santos han sostenido que mirar a una mujer es totalmente censurable. Dicen que usted no podrá acercarse a Dios si se complace en el sexo, y por eso lo desechan, aunque se sientan devorados por él interiormente. Pero al rechazar la sexualidad, se sacan los ojos y se cortan la lengua, pues niegan toda la belleza de la Tierra. Han dejado hambrientos sus corazones y sus mentes; son seres humanos deshidratados; han proscrito la belleza, porque la belleza está asociada con la mujer.

¿Puede dividirse el amor en sagrado y profano, en humano y divino?, ¿o existe solamente el amor? ¿Ha de ir el amor para una sola persona y no para muchas? Si yo digo: «Lo amo a usted», ¿excluye esto el amor a otro? ¿Es personal o impersonal el amor? ¿Moral o inmoral? ¿Familiar o no familiar? Si usted ama a la humanidad, ¿puede amar lo particular? ¿Es sentimiento el amor? ¿Es emoción el amor? ¿Es el amor placer y deseo? Todas estas preguntas indican que tenemos ideas acerca del amor, ideas acerca de lo que debería o no debería ser, un patrón o un código desarrollado por la cultura en que vivimos, ¿no es así?

Para profundizar en la cuestión de lo que es el amor, primero debemos quitarnos la costra de los siglos, desechar todos los ideales e ideologías de lo que debería o no debería ser. Separar cualquier cosa entre lo que es y lo que debería ser, es la forma más engañosa de enfrentarnos con la vida.

¿Cómo descubriré qué es esta llama a la cual damos el nombre de amor? No como expresárselo a otro, sino qué significa en sí. Si quiero descubrir por mí mismo qué es, rechazaré primero lo que la Iglesia, la sociedad, mis padres y amigos, y otras personas y libros han dicho acerca de él. Se trata de un tremendo problema que involucra a toda la humanidad. Se le ha definido de mil maneras diferentes, y yo mismo estoy atrapado en uno u otro patrón de acuerdo con lo que me agrada o me da placer en este momento; entonces, ¿no debería yo, a fin de comprender el amor, librarme primero de mis particulares inclinaciones y prejuicios? Estoy confuso, trastornado por mis propios deseos y, por tanto, me digo a mí mismo: «Primero aclara tu propia confusión. Tal vez así seas capaz de descubrir qué es el amor a través de aquello que no lo es».

El gobierno dice: «Ve y mata por amor a tu patria». ¿Es esto amor? La religión dice: «Deja el sexo para poder amar a Dios». ¿Es esto amor? ¿Es el deseo amor? No diga que no. Para la mayoría lo es. Deseo y placer, el placer derivado de los sentidos a través del apego y la satisfacción sexual. Yo no estoy en contra del sexo, pero vea lo que esto implica. Lo que el sexo le da momentáneamente es el abandono total de usted mismo; después vuelve a sus perturbaciones. Por eso desea la repetición una y otra vez de ese estado en que no hay preocupación, ni problema, ni «yo».

Usted dice que ama a su esposa. En ese amor está involucrado el placer sexual, el placer de tener a alguien en la casa que cuide a los hijos y que cocine. Usted depende de ella; ella le da su cuerpo, sus emociones, su apoyo; la sensación de seguridad y bienestar. Después ella le da la espalda; se aburre o se va con otro y todo su equilibrio emocional queda destruido, y a esta perturbación que tanto le desagrada la llamaríamos celos; en los celos hay dolor, ansiedad, odio y violencia. Entonces lo que usted está realmente diciendo es: «Mientras me pertenezcas, te amaré; pero una vez dejes de pertenecerme, empezaré a odiarte. Mientras pueda depender de ti para satisfacer mis urgencias sexuales y de otra índole, te amaré; pero tan pronto ceses de proporcionarme lo que yo deseo, dejarás de agradarme». De esta manera se levanta el antagonismo entre ustedes dos, la separación, y cuando uno se siente separado de otro no hay amor. Pero si usted puede vivir con su esposa sin que el pensamiento cree estos estados contradictorios, estas quejas interminables dentro de usted mismo, entonces, tal vez —sólo tal vez— sabrá lo que es el amor. Entonces usted es completamente libre, y ella también; pero si depende de ella para todas sus satisfacciones, será su esclavo. Por tanto, cuando se ama debe haber libertad, no sólo respecto de la otra persona; también respecto de uno mismo.

Pertenecer a otro, estar psicológicamente nutrido por otro, depender de otro, tiene que crear siempre ansiedad, temor, celos, culpa, y en tanto haya temor, no hay amor. Una mente dominada por el dolor nunca conocerá el amor; el sentimentalismo y la emotividad nada tienen que ver con el amor. Y, por supuesto, el amor nada tiene que ver con el placer y el deseo.

El amor no es producto del pensamiento, que es el pasado; no es posible que el pensamiento pueda cultivarlo. El amor no está resguardado y preso en los celos, porque éstos pertenecen al pasado. El amor es presente, activo en todo momento. No es «amaré» o «he amado». Si usted conoce el amor, no sigue a nadie. El amor no obedece. Cuando se ama no hay respeto ni falta de respeto.

¿Sabe usted lo que significa amar realmente a alguien? Amarlo sin odio, sin celos, sin cólera, sin querer intervenir en lo que hace o piensa, sin condenar, sin comparar. ¿Sabe usted lo que eso significa? ¿Hay comparación donde hay amor? Cuando usted ama a alguien con todo su corazón, con toda su mente, con todo su cuerpo, con todo su ser, ¿hay comparación? Cuando usted se abandona enteramente a ese amor, no existe el otro.

¿Tiene el amor responsabilidad y deberes, y se le pueden aplicar esas palabras? Cuando usted hace algo por deber, ¿hay amor en ello? En el deber no hay amor. La estructura del deber en el que el hombre se ve atrapado lo está destruyendo. Mientras usted se vea obligado a hacer algo porque es su deber, usted no ama lo que está haciendo. Cuando hay amor, no hay deber ni responsabilidad.

La mayoría de los padres, por desgracia, piensan que son responsables de sus hijos, y su sentido de la responsabilidad se manifiesta ordenándoles qué deben o no deben hacer, qué deben o no deben llegar a ser. Los padres quieren que sus hijos tengan una posición segura en la sociedad. Lo que ellos llaman responsabilidad es parte de esa respetabilidad a la que rinden culto. Y a mí me parece que donde hay respetabilidad no hay orden; sólo existe el interés por convertirse en unos perfectos burgueses. Cuando preparan a sus hijos para que se adapten a la sociedad, están perpetuando la guerra, el conflicto y la brutalidad. ¿Llama usted a eso verdadero interés y amor?

Estar realmente interesado en alguien implica cuidarlo como lo haría con un árbol o una planta: regarla, estudiar sus necesidades, buscar el mejor suelo para ella, atenderla con amabilidad y ternura, pero cuando usted prepara a sus hijos para adaptarlos a la sociedad los está preparando para llevarlos a la muerte. Si amara a sus hijos, no provocaría guerras.

Cuando usted pierde al ser amado derrama lágrimas, pero esas lágrimas, ¿son por el que ha muerto o por usted mismo? ¿Llora por él o llora por usted? ¿Ha llorado alguna vez por otro? ¿Ha llorado por su hijo muerto en el campo de batalla? Usted ha llorado, ¿pero brotan esas lágrimas de compasión porque han matado a un ser humano o por usted mismo? Si llora por lástima de sí mismo, sus lágrimas no tienen ningún significado, ya que sólo está interesado en usted. Si llora porque se ha visto despojado de alguien en quien había puesto gran afecto, eso no era realmente afecto. Cuando llore por su hermano que ha muerto, llore por él. Es muy fácil llorar por usted, pues él se ha ido. Aparentemente usted está llorando porque su corazón está conmovido; pero no está conmovido por él, sólo lo está por propia compasión, y esta autocompasión lo endurece a usted, lo encierra dentro de usted mismo, y lo vuelve insensible y estúpido.

Cuando usted llora por sí mismo, ¿es eso amor? Llorar porque está solo, porque lo han abandonado, porque no es poderoso, quejarse de su suerte, de todo lo que lo rodea; siempre derramando lágrimas por usted, ¿es eso amor? Si usted comprende esto, lo que significa entrar en contacto con ello tan directamente como cuando toca un árbol, una columna o una mano, entonces verá que el dolor lo crea uno mismo, que el dolor es creado por el pensamiento, que el dolor es resultado del tiempo. Hace tres años yo tenía a mi hermano, pero murió; ahora estoy solo, sufro, no tengo a quien recurrir en busca de consuelo o compañía, y eso hace saltar las lágrimas de mis ojos.

Puede ver cómo ocurre todo esto dentro de usted si lo observa. Puede verlo plenamente, completamente de una ojeada, no necesita tiempo para analizarlo. Puede ver en un instante que toda la estructura y naturaleza de eso tan pequeño y mezquino llamado «yo»: mis lágrimas, mi familia, mi nación, mi creencia, mi religión…, toda esa corrupción está dentro de usted. Cuando usted la ve con el corazón, no con la mente, cuando lo ve desde lo más hondo del corazón, entonces tiene la clave que pondrá fin al dolor.

El dolor y el amor no pueden ir juntos, aunque en el mundo cristiano hayan idealizado el sufrimiento poniéndolo en una cruz y adorándolo. Así dan a entender que usted nunca podrá escapar del sufrimiento si no es por esa puerta. Y esa es toda la estructura de una sociedad religiosa basada en la explotación.

Así, cuando usted pregunta qué es el amor, puede ser que

usted esté tan atemorizado que no vea la respuesta. Podría significar un completo cataclismo; podría destruir la familia; podría usted descubrir que no ama a su esposa o esposo, a sus hijos — ¿los ama?—; podría verse obligado a destruir la casa que ha edificado; podría no volver a ir nunca más al templo.

Pero si aún quiere descubrir el amor, verá que el temor no es amor, que la dependencia no es amor, ni los celos son amor, ni tampoco el deseo de posesión y dominio; que la responsabilidad y el deber no son amor; que la compasión de uno mismo y el sufrimiento por no ser amado no son amor; que el amor no es lo opuesto del odio, así como la vanidad no es lo opuesto de la humildad. De modo que si usted puede eliminar todo esto, no por la fuerza, sino limpiándolo tal como la lluvia limpia una hoja del polvo de muchos días, entonces quizá encontrará esa extraña flor de la cual el hombre ha estado siempre hambriento.

Si usted no ha logrado el amor —no en gotas pequeñas, sino en abundancia—, si no está rebosante de amor, el mundo irá al desastre. Usted sabe intelectualmente que la unión de la humanidad es esencial, y que el amor es el único camino; pero ¿quién le va a enseñar a amar? ¿Alguna autoridad, algún sistema, algún método? Si alguien le dice cómo, ya no es amor. ¿Puede usted decir: «Me dedicaré al ejercicio del amor, me sentaré día tras día a pensar en él; lo practicaré siendo bondadoso y amable, y esforzándome por darles mi atención a los otros»? ¿Quiere usted decir que puede disciplinarse para amar, ejercitar su voluntad para amar? Cuando usted se adiestre para amar mediante la disciplina y la voluntad, el amor se escapará por la ventana. Con la práctica de algún método o sistema, puede volverse extraordinariamente perspicaz o más amable, o llegar a un estado de no violencia, pero eso nada tiene que ver con el amor.

En este mundo desolado, violentamente dividido, no hay amor porque el placer y el deseo desempeñan los papeles más importantes; no obstante, sin amor la vida cotidiana no tiene sentido. Y no puede haber amor si no hay belleza. La belleza no es algo que usted ve: no es un hermoso árbol, un cuadro bonito, un bello edificio o una hermosa mujer. Sólo hay belleza cuando el corazón y la mente conocen el amor. Sin amor y esa sensación de belleza, no hay virtud, y usted lo sabe muy bien; haga lo que haga, ya aporte mejoras a la sociedad, ya alimente al pobre, estará creando más daño, pues sin amor sólo habrá violencia y pobreza en su corazón y en su mente. En cambio, cuando hay amor y belleza cualquier cosa que haga estará bien, estará en orden. Si usted sabe amar, puede hacer lo que quiera porque el amor resolverá todos sus problemas.

Así que hemos llegado a este punto: ¿puede la mente dar con el amor? Sin disciplina, sin pensamiento, sin esfuerzo, sin ningún libro, sin ningún maestro o líder alguno; dar con él como cuando uno se encuentra ante una hermosa puesta de sol.

A mí me parece que una cosa es absolutamente necesaria, y esta es la pasión sin motivo, pasión que no es resultado de algún apego o compromiso, pasión que no es sensualidad. Un hombre que no sabe lo que es la pasión, nunca conocerá el amor, porque el amor sólo puede surgir cuando hay un total abandono de sí mismo.

Una mente que busca no es una mente apasionada. Encontrarse con el amor sin buscarlo es el único camino para llegar a él; encontrarse con él sin darse cuenta y no como resultado de algún esfuerzo o experiencia. Un amor así, usted descubrirá que no pertenece al tiempo; tal amor es tanto personal como impersonal, es a la vez único y múltiple. Como ante una flor que exhala su perfume, usted puede aspirar su fragancia o pasar de largo. Esa flor es para todos y sobre todo para aquel que se toma el trabajo de olerla intensamente y de mirarla con deleite. Ya se encuentre uno muy cerca, en el jardín, o se halle muy lejos, es lo mismo para la flor, porque está llena de ese perfume y así lo comparte con todos los demás.

El amor es algo nuevo, fresco, vital. No tiene ayer ni mañana; está más allá de la agitación del pensamiento. Sólo una mente inocente puede conocer el amor, y una mente así puede vivir en el mundo que no es inocente. Descubrir eso tan extraordinario que el hombre ha buscado incesantemente a través del sacrificio, de la adoración, de la convivencia, del sexo, a través de cualquier forma de placer y de dolor, es sólo posible cuando el pensamiento llega a comprenderse a sí mismo y cesa de manera natural. Entonces el amor no tiene opuesto, entonces el amor no tiene conflictos.

Usted puede preguntar: «Si yo encuentro tal amor, ¿qué pasa con mi esposa, con mis hijos, con mi familia? Ellos deben tener seguridad». Cuando usted plantea semejante cuestión, es que nunca ha salido del campo del pensamiento, del campo de la consciencia. Una vez que haya salido de ese campo, nunca hará tal pregunta, porque entonces conocerá el amor en que no existe el pensamiento y, por supuesto, tampoco el tiempo. Usted podrá sentirse hipnotizado y fascinado al leer esto, pero ir realmente más allá del pensamiento y del tiempo —lo cual significa trascender al dolor— es darse cuenta de que existe una dimensión distinta llamada amor.

Pero usted no sabe cómo llegar a esta fuente extraordinaria; por tanto, ¿qué hace usted? Si no sabe qué hacer, uno no hace nada, ¿verdad? Absolutamente nada. Entonces usted está internamente en completo silencio. ¿Comprende lo que esto significa? Significa que usted ya no está buscando, ni deseando, ni persiguiendo nada; no hay centro en absoluto. Entonces hay amor.

11

*Observar y escuchar - El arte - La belleza
La austeridad - Las imágenes
Los problemas - El espacio*

Hemos estado investigando la naturaleza del amor y hemos llegado a un punto en que creo que se necesita una mayor observación y atención para esta cuestión. Hemos descubierto que para la mayor parte de las personas el amor significa comodidad, seguridad, garantía de una continua satisfacción emocional para el resto de la vida. Entonces viene alguien como yo y le dice: «¿Es eso realmente amor?», y le hace preguntas y le dice que se observe por dentro, y usted trata de no observarse porque eso sería muy perturbador; prefiere discutir acerca del alma, o de la situación política o económica. Pero cuando se le arrincona hasta obligarlo a observar, se da cuenta de que lo que siempre ha creído que es amor, no lo es en absoluto; que es sólo una mutua gratificación, una mutua explotación.

Cuando digo: «El amor no tiene mañana ni ayer», o «cuando no existe el centro, entonces hay amor», eso es una realidad para mí, pero no para usted. Usted podrá citarlo y convertirlo en un credo, pero eso no tendrá validez. Tiene que verlo por usted mismo, pero para experimentarlo debe tener libertad para observar, estar libre de toda condenación, de todo juicio; libre de estar de acuerdo o en desacuerdo.

Ahora bien, observar es una de las cosas más difíciles de la vida; también escuchar. Observar y escuchar son acciones idénticas. Si las preocupaciones han cegado sus ojos, no pueden ver la belleza de la puesta de sol. Muchos de nosotros hemos perdido el contacto con la naturaleza. La civilización se dirige cada vez más hacia las grandes ciudades, nos urbanizamos cada vez más, viviendo apiñados en apartamentos, con muy poco espacio, sin poder mirar el cielo de la tarde y de la mañana, perdiendo así contacto con gran parte de la belleza. Yo no sé si han notado cuán pocos de nosotros nos detenemos a contemplar el amanecer o el crepúsculo, el brillo de la luz de la luna o el reflejo de la luz sobre el agua.

Al haber perdido el contacto con la naturaleza, tendemos naturalmente a desarrollar las capacidades intelectuales. Leemos muchos libros, vamos a muchos museos y conciertos, vemos televisión y tenemos muchos otros entretenimientos. Citamos sin cesar las ideas de otros, y pensamos y hablamos demasiado acerca del arte. ¿Por qué dependemos tanto del arte? ¿Es ésta una forma de escape, un estimulante? Si estuviera directamente en contacto con la naturaleza; si observara el movimiento de las alas de un pájaro, o la belleza en cada cambio del cielo, las sombras sobre las colinas, o la belleza en el rostro de otra persona, ¿piensa usted que querría ir a un museo para mirar algún cuadro? Tal vez porque no sabe observar todas las cosas que le rodean, es por lo que recurre a algún tipo de droga que le estimule para ver mejor.

Hay una anécdota de un maestro religioso que solía hablar cada mañana a sus discípulos. En una ocasión en que subió a la plataforma para empezar su charla matinal, llegó un pajarito, se posó en el alféizar de la ventana y empezó a cantar. Y cantó largo tiempo con gran entusiasmo. Luego se detuvo y se fue volando. Y el maestro dijo: «Por esta mañana el sermón ha terminado».

Me parece a mí que una de nuestras mayores dificultades es ver con toda claridad no sólo las cosas exteriores, sino también la vida interior. Cuando decimos que vemos un árbol o una flor o una persona, ¿las vemos realmente? ¿O sólo vemos la imagen que la palabra ha creado? Es decir, ¿cuando usted contempla un árbol, o una nube en una tarde llena de luz y encanto, lo ve en realidad, no sólo con sus ojos y con el intelecto, sino de una manera total y completa?

¿Ha hecho alguna vez el experimento de mirar una cosa tan objetiva como un árbol, sin las asociaciones y el conocimiento que ha adquirido acerca de él, sin prejuicio o juicio alguno, sin las palabras que levantan una pantalla entre usted y el árbol y le impiden verlo como es en realidad? Trate de hacerlo y vea lo que realmente ocurre cuando observa el árbol con todo su ser, con la totalidad de su energía. En esa intensidad descubrirá que no hay observador en absoluto, hay atención únicamente. Cuando falta la atención es porque están el observador y lo observado. Cuando usted está observando algo con toda su atención, no hay espacio para un concepto, una idea o un recuerdo. Es importante comprender esto, porque estamos entrando en un asunto que requiere una investigación muy cuidadosa.

Tan sólo la mente que observa un árbol, o las estrellas, o los reflejos sobre las aguas de un río con total abandono de sí misma, es la que conoce lo que es la belleza; y cuando realmente estamos viendo, nos encontramos en un estado de amor. Generalmente conocemos la belleza a través de comparaciones, o a través de lo que los hombres han creado, lo cual significa que atribuimos la belleza a objetos. Veo un edificio que me parece hermoso, y aprecio esa belleza por mis conocimientos de arquitectura y porque lo comparo con otros edificios que he visto. Pero ahora me pregunto: «¿Hay belleza sin un objetivo?». Cuando hay un observador, que es el censor, el experimentador, el pensador, no hay belleza, porque se atribuye la belleza a algo externo, algo que el observador mira y juzga. Pero cuando no hay observador —y esto requiere mucha meditación e investigación—, entonces se manifiesta la belleza sin el objetivo.

La belleza consiste en el abandono total del observador y lo observado. Y sólo puede haber semejante abandono de sí mismo cuando hay austeridad completa; no la austeridad del sacerdote con su severidad, sus sanciones, reglas y obediencia; no la austeridad en el vestir, en la alimentación, en las ideas y en la conducta, sino la austeridad de una sencillez absoluta que es la humildad completa. Entonces no hay logros ni peldaños que escalar, sólo existe el primer paso, y el primer paso es el paso perdurable.

Digamos que usted está caminando solo, o con otra persona, y que han dejado de hablar. Está rodeado por la naturaleza y no hay ningún perro que ladre, ningún ruido de un auto que pase, ni siquiera el aleteo de un pájaro. Usted está completamente en silencio y la naturaleza que lo rodea está también en completo silencio. En ese estado de silencio de ambos, del observador y lo observado —cuando el observador no está llevando al pensamiento lo que observa—, en ese silencio hay una cualidad distinta de belleza. No hay naturaleza ni observador. El estado de la mente es de completa y absoluta soledad, está sola —no aislada—, sola en la calma, y esa calma es belleza. Cuando usted ama, ¿hay observador? Hay observador sólo cuando el amor es deseo y placer. Cuando el deseo y el placer no están asociados con el amor, entonces el amor es ardiente. Es como la belleza, algo totalmente nuevo cada día. Como ya he dicho antes, no tiene ayer ni mañana.

Sólo cuando vemos sin idea preconcebida, sin ninguna imagen, somos capaces de estar en contacto directo con algo en la vida. Todas nuestras relaciones son en efecto imaginarias; es decir, se apoyan en una imagen formada por el pensamiento. Si yo tengo una imagen de usted y usted tiene una imagen de mí, no nos vemos naturalmente como somos en realidad. Lo que vemos son las imágenes que hemos formado el uno del otro. Éstas impiden el contacto entre nosotros y por ese motivo nuestras relaciones fracasan.

Cuando digo que lo conozco, quiero decir que lo conocí ayer.

No lo conozco realmente ahora. Todo lo que conozco es mi imagen de usted. Esa imagen está compuesta de lo que usted ha dicho para alabarme o para insultarme, de lo que usted me ha hecho; es decir, de todos los recuerdos que tengo de usted. Y la imagen que usted tiene de mí se ha creado de la misma forma. Y son estas imágenes las que sostienen la relación e impiden que nos comuniquemos realmente.

Cuando dos personas han vivido juntas durante largo tiempo, ambas crean una imagen de la otra que les impide sostener una verdadera relación. Si sabemos lo que son las relaciones, podremos cooperar, pero no es posible que haya cooperación a través de imágenes, símbolos o de conceptos ideológicos. Sólo hay una posibilidad de amor cuando comprendemos la verdadera relación entre ambos, pero el amor es imposible cuando tenemos imágenes. Por tanto, es importante que usted comprenda, no intelectualmente, sino de hecho, en la vida diaria, cómo ha creado sus imágenes de la esposa, del esposo, del vecino, del hijo, del país, de los líderes, de los políticos, de los dioses… No tiene más que imágenes.

Estas imágenes crean el espacio entre usted y lo que observa, y en ese espacio hay conflicto, de modo que vamos ahora a examinar juntos si es posible librarnos de ese espacio que creamos, no sólo fuera, sino también dentro de nosotros mismos, el espacio que divide a las personas en todas sus relaciones.

Ahora bien, la misma atención que usted brinda a un problema es la energía que resuelve ese problema. Cuando usted le presta toda su atención —es decir, con todo lo que hay en usted— no existe el observador en absoluto. Sólo existe el estado de atención que es total energía, y esa energía total es la más alta forma de inteligencia. Por supuesto que la mente debe estar en completo silencio, y ese silencio, esa calma, viene cuando hay atención total, no una calma disciplinada. Este pleno estado de silencio, en que no hay observador ni observado, es la más alta forma de mente religiosa. Pero lo que ocurre en ese estado no puede expresarse con palabras, porque lo que se dice con palabras no es el hecho. Para descubrir ese hecho, usted mismo tiene que vivenciarlo.

Todo problema se relaciona con otro, de modo que si usted puede resolver un problema en su totalidad —no importa cuál sea— verá que es capaz de enfrentarse a los demás fácilmente y resolverlos. Estamos hablando, por supuesto, de problemas psicológicos. Hemos visto que el problema existe sólo en el tiempo que es cuando lo afrontamos de manera incompleta. Por tanto, no sólo debemos ser conscientes de la naturaleza y estructura del problema y verlo totalmente, sino afrontarlo tan pronto surja y resolverlo de inmediato para evitar que eche raíces en la mente. Si permitimos que el problema dure un mes o un día, incluso unos pocos minutos, distorsionará la mente. ¿Será entonces posible afrontar el problema de inmediato, sin distorsión alguna y verse libre de él inmediata y completamente, sin permitir que ningún recuerdo, ningún rasguño, permanezca en la mente? Esos recuerdos son las imágenes que llevamos de un lado para otro, y son esas imágenes las que se enfrentan a eso tan extraordinario que llamamos vida, y así surge la contradicción y de ahí el conflicto. La vida es muy real, no es una abstracción, y cuando usted la aborda a través de imágenes hay problemas.

¿Es posible enfrentarse a cada problema sin ese intervalo de espacio-tiempo, sin esa brecha entre usted y lo que causa miedo? Sólo es posible cuando el observador no tiene continuidad, el observador, que es el creador de la imagen, el observador, que es una colección de recuerdos e ideas, que es una serie de abstracciones.

Cuando usted observa las estrellas del cielo, ahí está usted observándolas; el cielo, poblado de brillantes estrellas, se siente una brisa fresca, y ahí está usted, el observador, el experimentador, el pensador, usted, con su corazón afligido, usted, el centro, creando espacio. Usted nunca comprenderá ese espacio entre usted y las estrellas, entre usted y su esposa o esposo, o amigo, porque jamás ha mirado sin la imagen, y por eso usted no sabe qué es la belleza ni qué es el amor. Habla de él, escribe acerca de él, pero nunca lo ha conocido, salvo quizá en raros intervalos de total abandono de sí mismo. Mientras haya un centro creando espacio a su alrededor, no habrá amor ni belleza. Cuando no hay centro ni circunferencia, entonces hay amor. Y cuando usted ama, usted es belleza.

Cuando usted mira un rostro de frente, está mirando desde un centro, y el centro crea el espacio entre una persona y otra. Por ese motivo nuestras vidas son tan vacías e insensibles. Usted no puede cultivar el amor o la belleza, ni puede inventar la verdad, pero si siempre está alerta a lo que hace, cultiva el estado de ser consciente, desde ese estado empezará a ver la naturaleza del placer, del deseo y del dolor, así como también la absoluta soledad y aburrimiento del hombre. Entonces comenzará a descubrir eso que se llama «el espacio».

Si hay espacio entre usted y el objeto que está observando, sabrá que no hay amor, y que sin amor, por mucho que usted trate de reformar el mundo, o de generar un nuevo orden social, o por mucho que hable acerca de mejorarlo, sólo causará sufrimiento. De modo que todo depende de usted. No hay líder, no hay maestro, nadie que le diga qué hay que hacer. Usted está solo en este mundo insensato y brutal.

12

El observador y lo observado

Por favor, continúe conmigo un poco más. Puede que este asunto sea algo complejo, algo sutil; pero, por favor, continúe examinándolo.

Cuando yo creo una imagen de usted o de alguna otra cosa, puedo observar esa imagen; por tanto, está la imagen y el observador de ella. Digamos que veo a alguien con una camisa roja, y mi reacción inmediata es que me gusta o que no me gusta. El que me guste, o no, es resultado de mi cultura, mi preparación, mis asociaciones, mis inclinaciones, mis características adquiridas o heredadas. Es desde este centro desde donde observo y juzgo, por lo cual el observador está separado de lo observado.

Pero el observador se da cuenta de más de una imagen; él crea miles de imágenes. Sin embargo, ¿es el observador diferente de esas imágenes? ¿No es él simplemente otra imagen? Siempre está añadiendo o quitando algo de lo que es él. Es algo vivo que continuamente está sopesando, comparando, juzgando, modificando y cambiando como resultado de presiones, tanto de afuera como de su interior; vive en el campo de la consciencia, que es su conocimiento, influencias e innumerables conjeturas.

Al mismo tiempo, cuando usted observa al observador, que es usted mismo, ve que está hecho de recuerdos, experiencias, accidentes, influencias, tradiciones y de una infinita variedad de sufrimientos, todo lo cual es el pasado. Así, el observador es ambas cosas: el pasado y el presente, y el mañana que está por llegar, es también parte de él mismo. Está medio vivo y medio muerto, y con esta vida y esta muerte está observando, con la hoja viva y muerta. Y en ese estado mental que está dentro del campo del tiempo, usted (el observador) observa el temor, los celos, la guerra, la familia (esa horrible entidad encerrada en sí misma, que se llama familia) y trata de resolver el problema de lo observado que es el reto, lo nuevo. Usted está siempre interpretando lo nuevo en función de lo viejo y por ese motivo se halla en continuo conflicto.

Una imagen, el observador, observa docenas de otras imágenes a su alrededor y dentro de sí mismo, y dice: «Me gusta esta imagen, la conservaré», o «no me gusta esa imagen, la desecharé». Pero el observador mismo está compuesto de las varias imágenes que han surgido como reacción a otras diversas imágenes. Y así llegamos a un punto en que podemos decir: «El observador es también la imagen, sólo que se ha separado de ella y observa». Este observador nacido de otras imágenes diversas se considera permanente y hay una división, un intervalo de tiempo, entre él y las imágenes que ha creado. De aquí surge el conflicto entre él y las imágenes que, según cree, son la causa de sus dificultades. Entonces dice: «Debo deshacerme de este conflicto», pero el mismo deseo de desembarazarse del conflicto crea otra imagen.

La percepción de este hecho, que es la verdadera meditación, ha revelado la existencia de una imagen central, compuesta de todas las otras imágenes, y esta imagen central, el observador, es el censor, el experimentador, el evaluador, el juez que quiere conquistar o subyugar las otras imágenes o destruirlas por completo. Las otras imágenes son el resultado de los juicios, opiniones y conclusiones del observador, y este es el resultado de todas las otras imágenes; por tanto, el observador es lo observado.

Así pues, la percepción ha revelado los diferentes estados mentales; ha revelado las diversas imágenes y la contradicción entre ellas; ha puesto de manifiesto el conflicto resultante y la desesperación de no poder hacer nada, y también los diversos intentos por escapar de él. Todo ello se ha revelado por una cautelosa y titubeante percepción y luego viene la percepción de que el observador es lo observado. No es una entidad superior la que llega a darse cuenta de esto; no es el «yo superior» (la entidad superior, el «yo superior», son simples invenciones, que son también imágenes); es el propio estado de percepción el que había revelado que el observador es lo observado.

Si usted se hace una pregunta, ¿quién es la entidad que va a recibir la respuesta? ¿Quién es la entidad que va a investigar? Si la entidad es parte de la consciencia, parte del pensamiento, entonces es incapaz de descubrirlo. Lo único que puede descubrirlo es un estado de percepción. Pero si en ese estado sigue habiendo una entidad, que dice: «Debo darme cuenta, debo practicar para estar alerta», esa es también otra imagen.

El darse cuenta de que el observador es lo observado no es un proceso de identificación con lo observado. Identificarnos con alguna cosa es bastante fácil. La mayoría de nosotros nos identificamos con algo —con nuestra familia, nuestro esposo o esposa, nuestra nación—, y eso causa gran sufrimiento y grandes guerras. Estamos examinando algo distinto por completo, y debemos comprenderlo no verbalmente, sino dentro de nuestro corazón, en lo más profundo de nuestro ser. En la antigua China, antes de que un artista empezara a pintar cualquier cosa —un árbol, por ejemplo— se sentaba frente a él durante días, meses, años, no importaba cuánto tiempo, hasta que él era el árbol. No se identificaba con el árbol sino que era el árbol. Esto significa que no había espacio entre él y el árbol, ningún espacio entre el observador y lo observado; no había experimentador percibiendo la belleza, el movimiento, las sombras, la extensión de una hoja, la cualidad del color. Él era totalmente el árbol, y sólo en ese estado podía pintar.

Cualquier movimiento por parte del observador, si no se ha dado cuenta de que el observador es lo observado, crea solamente otra serie de imágenes, y de nuevo se ve atrapado en ellas. Pero ¿qué ocurre cuando el observador se da cuenta de que el observador es lo observado? Vaya despacio, muy lentamente, porque ahora tratamos de penetrar en algo muy complejo. ¿Qué ocurre? Que el observador no actúa en absoluto. El observador ha dicho siempre: «Debo hacer algo con estas imágenes, debo suprimirlas o darles una forma diferente». Siempre está activo respecto de lo observado, actuando o reaccionando de manera apasionada o despreocupada, y esta acción de agrado o desagrado la llaman acción positiva. «Me gusta; por tanto, debo conservarla. Me disgusta; por tanto, debo desecharla». Pero cuando el observador se da cuenta de que la cosa con respecto a la cual está actuando es él mismo, entonces ya no hay conflicto entre él y la imagen. Él es eso. No están separados. Cuando había separación entre ambos, actuaba o trataba de actuar, de hacer algo, pero cuando el observador se da cuenta de que él es eso, ya no hay agrado ni desagrado, y el conflicto cesa.

¿Para qué actuar? Si algo es usted mismo, ¿qué puede hacer? No puede rebelarse, ni huir, ni siquiera aceptarlo. Está ahí. Por tanto, termina toda acción que sea consecuencia de reacción al agrado o desagrado.

Entonces descubrirá que hay una percepción que se ha vuelto tremendamente viva. No está sujeta a nada esencial ni a ninguna imagen, y de la intensidad de esa percepción surge una cualidad diferente de atención y, por tanto, la mente —por ser ella esa percepción— se ha vuelto extraordinariamente sensible e inteligente en grado sumo.

¿Qué es el pensar? - Las ideas y la acción
El reto - La materia
El origen del pensamiento

Veamos ahora qué es el pensar, la importancia de ese pensamiento que debe emplearse con cuidado, con lógica y cordura (en nuestro trabajo diario), y aquel que no tiene importancia alguna. A menos que conozcamos bien ambas clases, no podremos comprender algo mucho más profundo que el pensamiento no puede tocar. Tratemos, pues, de comprender toda esta compleja estructura de lo que es el pensar, qué es la memoria, cómo se origina el pensamiento y cómo condiciona todas nuestras acciones. Al comprender todo esto tal vez lleguemos a encontrarnos con algo que el pensamiento nunca ha descubierto, y a lo cual no puede abrirle la puerta.

¿Por qué ha llegado a ser el pensamiento tan importante en nuestras vidas, el pensamiento que es sólo ideas, que es la respuesta a los recuerdos acumulados en las células del cerebro? Tal vez muchos de ustedes ni siquiera se han formulado tal pregunta, o si lo han hecho puede que hayan dicho: «Es de muy poca importancia; lo importante es la emoción». Pero yo no veo cómo pueden separarse los dos. Si el pensamiento no da continuidad al sentimiento, éste muere con gran rapidez. Entonces, ¿por qué en nuestras vidas diarias, nuestras vidas rutinarias, aburridas y atemorizadas, ha asumido el pensamiento importancia tan desmedida? Pregúnteselo usted mismo, como yo me lo estoy preguntando: «¿Por qué es uno esclavo del pensamiento, del sagaz e ingenioso pensamiento, que puede organizar las cosas, ponerlas en marcha, que ha inventado tanto, engendrado tantas guerras, creado tanto temor, tanta ansiedad, que está siempre formando imágenes y yendo y viniendo de un lado para otro inútilmente; el pensamiento que ha disfrutado el placer del ayer, dándole continuidad en el presente y también en el futuro; el pensamiento que siempre está activo, parloteando, cambiando, creando, añadiendo, quitando, suponiendo?».

Las ideas se han vuelto mucho más importantes para nosotros que la acción; las ideas tan ingeniosamente expresadas en los libros por los intelectuales de todas las esferas. Cuanto más artificiosas y sutiles son esas ideas, más culto les rendimos, así como a los libros que las contienen. Nosotros somos esos libros, somos esas ideas, porque hemos sido profundamente condicionados por ellos. Siempre estamos discutiendo ideas e ideales y ofreciendo opiniones con convencimiento. Toda religión tiene su dogma, su fórmula, su propio andamiaje para llegar a los dioses. Y cuando inquirimos acerca del origen del pensamiento, estamos cuestionando la importancia de toda esta estructura de ideas. Hemos separado las ideas de la acción, porque las ideas son siempre del pasado, y la acción es siempre del presente. Es decir, el vivir es de manera invariable el presente. Tenemos miedo a vivir, y por eso el pasado —o sea, las ideas— se ha vuelto tan importante para nosotros.

En realidad es muy interesante observar el funcionamiento de nuestro propio pensar, simplemente observar cómo se piensa, de dónde nace esa reacción a la que llamamos pensar. Es evidente que viene de la memoria. ¿Hay realmente un origen del pensamiento? Si lo hay, ¿podemos descubrir ese origen, es decir, el de la memoria? Porque si no tuviéramos memoria no tendríamos pensamiento.

Hemos visto cómo el pensamiento alimenta y da continuidad a un placer que tuvimos ayer, y cómo lo contrario del placer, que es el dolor y el temor, también se nutren del pensamiento. De modo que el experimentador, que es el pensador, es el placer y el dolor y, asimismo, la entidad que nutre al placer y al dolor. El pensador separa el placer del dolor. No ve que con la misma búsqueda del placer está atrayendo al dolor y al temor. En las relaciones humanas el pensamiento está siempre exigiendo placer, que encubre con diferentes palabras, tales como lealtad, ayuda, donación, sostenimiento, servicio. Yo me pregunto por qué queremos servir. El surtidor de gasolina ofrece buen servicio. ¿Qué significan las palabras ayudar, dar, servir? ¿Qué hay en todo esto? ¿Acaso una flor llena de belleza, luz y encanto dice: «Estoy dando, ayudando, sirviendo»? ¡Ella está ahí! Y porque no está tratando de hacer nada, su belleza cubre la Tierra.

El pensamiento es tan astuto, tan ingenioso, que distorsiona todo para su propia conveniencia. La urgencia de placer lo lleva a su propia esclavitud. El pensamiento engendra dualidad en todas nuestras relaciones. En nosotros está la violencia que nos da placer, pero hay también deseo de paz, de ser amable y cortés. Esto es lo que sucede siempre en nuestras vidas. El pensamiento no sólo engendra esta dualidad en nosotros, esta contradicción, sino que también acumula los innumerables recuerdos placenteros y dolorosos que hemos tenido, y nace de nuevo en virtud de estos recuerdos. Así pues, el pensamiento es el pasado, el pensamiento es siempre viejo, como ya he dicho antes.

Como nos enfrentamos a todos los retos en función del pasado —cuando el reto es siempre lo nuevo—, ese enfrentamiento es algo totalmente inadecuado y en consecuencia lo que cosechamos es contradicción, conflicto, desdicha y dolor.

Nuestro pequeño cerebro está en conflicto con todo lo que hace. Ya sea que aspire, imite, se reprima, se adapte, se ensalce, tome drogas para expansionarse, haga lo que haga, se encuentra en estado de conflicto y producirá conflictos.

Aquellos que piensan mucho son muy materialistas, porque el pensamiento es materia. Es materia como lo son el suelo, la pared o el teléfono. La energía que funciona dentro de un patrón se vuelve materia. Existe la energía y la materia: eso es todo lo que constituye la vida. Podemos pensar que el pensamiento no es materia, pero sí lo es. El pensamiento es materia, lo mismo que una ideología. Donde hay energía, ésta se vuelve materia. La materia y la energía están relacionadas entre sí. La una no puede existir sin la otra, y mientras más armonía hay entre las dos, más equilibrio y más actividad hay en las células del cerebro. El pensamiento ha establecido esta pauta de placer, dolor, temor, y dentro de ella ha estado actuando durante miles de años. No puede romper la pauta porque él la ha creado.

El pensamiento no puede ver un hecho nuevo. Puede comprenderlo más tarde, verbalmente, pero la comprensión de un hecho nuevo no es una realidad para él. Jamás puede resolver el pensamiento un problema psicológico. Por listo, astuto, erudito que sea, no importa la estructura que haya creado por medio de la ciencia o por un cerebro electrónico, o a través de la compulsión o la necesidad, el pensamiento nunca es nuevo y, por tanto, jamás podrá dar respuesta a una pregunta que sea realmente importante. El viejo cerebro no puede resolver el gigantesco problema del vivir.

El pensamiento es tramposo porque puede inventar cualquier cosa, y ver cosas que no son. Puede hacer funcionar los trucos más extraordinarios y, por tanto, no podemos confiar en él. Pero si usted comprende toda la estructura de cómo piensa, por qué piensa, las palabras que usa, la manera en que se conduce en la vida diaria, la forma de hablar y de tratar a la gente, sus hábitos de caminar, de comer; si usted se da cuenta de todas estas cosas, su mente no lo engañará; entonces no hay engaño posible. La mente, entonces, no es algo que exige, que subyuga; se vuelve extraordinariamente serena, flexible, sensible, solitaria, y en ese estado no habrá decepción alguna.

¿Ha notado usted alguna vez que cuando se halla en estado de completa atención cesa el observador, el pensador, el centro, el «yo»? En ese estado de atención, el pensamiento empieza a desvanecerse. Si se quiere ver una cosa con mucha claridad, la mente debe estar muy serena, sin prejuicios, sin el parloteo, el diálogo, las imágenes y las representaciones; todo eso hay que desecharlo para observar. Y únicamente en el silencio puede usted observar el origen del pensamiento, no cuando está buscando, haciendo preguntas, esperando una respuesta. Así pues, solamente cuando usted esté en completo silencio, en todo su ser, y después de que se haya preguntado: «¿Cuál es el origen del pensamiento?», será cuando comenzará a ver, desde ese silencio, cómo se va formando el pensamiento.

Si uno se da cuenta de cómo se origina el pensamiento, no necesitará controlarlo. Gastamos mucho tiempo y perdemos mucha energía no sólo en la escuela, sino a lo largo de toda la vida, tratando de controlar nuestros pensamientos: «Este es un buen pensamiento, debo pensar más en él; este es un mal pensamiento, debo suprimirlo». En todo momento hay una lucha entre un pensamiento y otro, y entre un deseo y otro, un goce dominando todos los demás. Pero si somos conscientes del origen del pensamiento, no habrá contradicción en él.

Cuando usted oye una afirmación como «el pensamiento es siempre lo viejo», o «el tiempo es dolor», el pensamiento empieza a traducirlo e interpretarlo. Pero ambos procesos, traducir o interpretar, se basan en el conocimiento y la experiencia del ayer, de modo que usted traducirá todo invariablemente de acuerdo con su condicionamiento. Pero si observa esas afirmaciones y no las interpreta, sino que sólo les presta una completa atención (no concentración), descubrirá que no existe ni el observador ni lo observado, ni el pensador ni lo pensado. No diga: «¿Quién empezó primero?». Ese es un argumento sagaz que no lleva a ninguna parte. Puede observar en usted mismo que en tanto no hay pensamiento —lo cual no significa que la mente se halle en blanco o en estado de amnesia—, mientras no hay pensamiento derivado de la memoria, de la experiencia o del conocimiento (todo lo cual pertenece al pasado), no hay pensador en absoluto. Esto no es un asunto filosófico o místico. Estamos ocupándonos de hechos reales y usted verá, si ha llegado hasta aquí en este viaje, que responderá a cada reto, no con el viejo cerebro, sino de forma totalmente nueva.

14

El peso del ayer - La mente serena - La comunicación
La realización - La disciplina - El silencio
La verdad y la realidad

Generalmente disfrutamos de muy poca soledad interna en nuestras vidas. Aun cuando nos encontramos solos, estamos presionados por tantas influencias, tantos conocimientos, recuerdos de tantas experiencias, tanta ansiedad, desdicha y conflicto, que nuestras mentes se vuelven cada vez más torpes, más insensibles, y actúan sólo a través de una monótona rutina. ¿Estamos solos alguna vez? ¿O estamos cargando con todos los fardos del ayer?

Se cuenta una estupenda anécdota de dos monjes que caminaban de un pueblo a otro y encuentran a una joven llorando a orillas de un río. Uno de los monjes se acerca a ella, y le dice: «Hermana, ¿por qué estás llorando?». Ella le contesta: «¿Ve usted esa casa al otro lado del río? Vine esta mañana temprano y no tuve dificultad en cruzarlo, pero ahora el río ha crecido y no puedo regresar. No hay ningún bote». «¡Ah!», dice el monje, «eso no es ningún problema». La levanta en brazos, cruza el río y la deja en la otra orilla. Y los dos monjes siguen su camino. Después de un par de horas, dice el otro monje: «Hermano, hemos hecho voto de nunca aproximarnos a una mujer; has cometido un terrible pecado. ¿No sentiste placer, una gran sensación, al tocar a esa mujer?». Y el otro monje replicó: «Yo la dejé atrás hace dos horas. Tú la sigues cargando, ¿no es así?».

Esto es lo que hacemos. Siempre llevamos nuestra carga; nunca morimos para ella, nunca la dejamos atrás. Sólo disfrutamos de soledad interna cuando prestamos completa atención a cada problema y lo resolvemos inmediatamente sin arrastrarlo hasta el día siguiente, hasta el minuto siguiente. Entonces, aunque vivamos en una casa llena de gente o viajemos en autobús, tendremos soledad interna. Y esta soledad interna revela una mente fresca, una mente inocente.

Tener espacio y soledad interior es muy importante porque implica libertad de ser, de moverse, de vivir, de volar. Después de todo, la bondad sólo puede florecer cuando hay espacio, así como la virtud sólo puede florecer cuando hay libertad. Puede que haya libertad política, pero no libertad interna; entonces no habrá espacio. Ninguna virtud, ninguna cualidad que valga la pena puede manifestarse o crecer sin este vasto espacio dentro de nosotros mismos. Y el espacio y el silencio son necesarios porque la mente, cuando está sola sin ser influenciada, preparada, sostenida por una infinita variedad de experiencias, entonces puede encontrarse con algo totalmente nuevo.

Uno puede ver de manera directa que sólo es posible la claridad cuando la mente está silenciosa. El único propósito de la meditación en Oriente es producir tal estado interior; es decir, controlar el pensamiento, que es lo mismo que repetir constantemente una oración para acallar la mente, esperando en ese estado mental comprender nuestros problemas. Pero a menos que uno eche primero los cimientos librándose del temor, del dolor, de la ansiedad, de todas las artimañas empleadas por uno y contra uno mismo, no sé de verdad cómo puede acallarse la mente. Esta es una de las cosas más difíciles de comunicar. La comunicación entre nosotros implica, ¿no es así?, que no sólo debe usted comprender las palabras que estoy usando, sino que ha de haber la misma pasión en usted y en mí, al mismo tiempo, ni un momento antes ni un momento después, y que seamos capaces de encontrarnos en el mismo nivel. Y tal comunicación es imposible cuando usted está interpretando lo que lee de acuerdo con su propio conocimiento, su placer u opiniones, o cuando está haciendo un tremendo esfuerzo por comprender.

Me parece que uno de los mayores escollos de la vida es esta constante lucha por lograr éxito, por alcanzar, por adquirir algo. Se nos ha preparado así desde la niñez; las mismas células cerebrales crean y exigen esta pauta del éxito, con objeto de obtener seguridad física, pero la seguridad psicológica no está dentro de esa pauta. Tenemos urgencia de seguridad en todas nuestras relaciones, actitudes y actividades, pero, como hemos visto, no existe realmente eso que llamamos seguridad. Descubrir por uno mismo que no hay forma alguna de seguridad en ninguna relación —darse cuenta de que psicológicamente no hay nada permanente—, nos permite abordar la vida de manera totalmente distinta. Es esencial, por supuesto, tener seguridad exterior —techo, ropa y sustento—, pero esa seguridad exterior se destruye con la exigencia de seguridad psicológica.

El espacio y el silencio son necesarios para ir más allá de las limitaciones de la consciencia, pero ¿cómo puede una mente acallarse si está incesantemente llena de actividad egocéntrica? Uno puede disciplinarla, controlarla, moldearla, pero tal tortura no la acalla; simplemente la entorpece. Es obvio que la mera persecución del ideal hacia el logro de silenciar la mente no tiene valor alguno, porque cuanto más la presionemos, más limitada y embotada se volverá. El control de cualquier forma, como la represión, sólo producen conflicto. Por tanto, no son medios de silenciar la mente el control y la disciplina exterior; pero tampoco tiene valor alguno una vida indisciplinada.

En la mayoría de nosotros, la vida está exteriormente disciplinada por las exigencias de la sociedad, de la familia, por nuestro propio sufrimiento, por nuestra propia experiencia, por nuestro conformismo a ciertas pautas objetivas o ideológicas, pero esa forma de disciplina es de lo más destructivo. La disciplina debe surgir sin control, sin represión, sin ninguna forma de temor. ¿Cómo se logra esta disciplina? No viene la disciplina primero y después la libertad; la libertad está en el comienzo mismo, no al final. El comprender esta libertad, que implica no estar sujeto al conformismo de la disciplina, es en sí la disciplina. El mismo acto de aprender es disciplina (después de todo, la raíz de la palabra disciplina significa aprender), el mismo acto de aprender se vuelve claridad. Para comprender toda la naturaleza y estructura del control, la represión y la tolerancia se requiere atención. Usted no tiene que imponerse una disciplina para estudiarla; el mismo acto de estudiar produce su propia disciplina, en la cual no hay represión.

Con objeto de poner fin a la autoridad (estamos hablando de la autoridad psicológica, no de la ley), para poner fin a la autoridad de todas las organizaciones religiosas, tradiciones y experiencias, uno tiene que ver por qué normalmente obedece, y examinar esto de verdad. Y para hacerlo se debe estar libre de condenación, justificación, opinión o aceptación. Pero no podemos aceptar la autoridad y a la vez estudiarla, eso es imposible. Para estudiar toda la estructura psicológica de la autoridad, dentro de nosotros mismos, debe haber libertad. Y cuando la estamos estudiando, estamos rechazando toda su estructura; y cuando de verdad la rechazamos, ese mismo rechazo es la luz de la mente que está libre de toda autoridad. Rechazar todas las cosas que se han considerado valiosas, tal como la disciplina externa, el liderazgo, el idealismo, es estudiarlas. Entonces este mismo acto de estudiar es no sólo disciplina, sino también su rechazo, y tal rechazo es un acto positivo. Estamos, pues, rechazando todas esas cosas que se consideran importantes con objeto de lograr la quietud de la mente.

Así, vemos que no es el control lo que conduce a la calma. Ni está en calma la mente cuando tiene un objeto que la absorbe de tal forma que queda fascinada por dicho objeto. Esto es como darle a un niño un juguete interesante; se calma, pero quítele el juguete y volverá a sus travesuras. Todos tenemos nuestros juguetes que nos absorben y creemos que estamos muy tranquilos. Pero si un hombre está dedicado a cualquier clase de actividad, científica, literaria o de otro tipo, el juguete simplemente lo absorbe; él no está en realidad tan tranquilo.

El único silencio que conocemos es aquel que se produce cuando el ruido ha cesado, cuando los pensamientos se detienen, pero esto no es silencio. El silencio es algo enteramente distinto, como la belleza, como el amor. Y este silencio no es producto de una mente sosegada, no es producto de las células cerebrales que han entendido toda la estructura, y dicen: «Por el amor de Dios, estense calladas». Entonces las células producen el silencio, pero eso no es silencio. Tampoco lo es el resultado de la atención en que el observador es lo observado; entonces no hay fricción, pero eso no es silencio.

Usted espera que yo le describa ese silencio para poder compararlo, interpretarlo, llevárselo y enterrarlo. No puede describirse. Lo que puede ser descrito es lo conocido. Y sólo es posible librarse de lo conocido cuando uno muere a lo conocido todos los días: muere a los insultos, a las adulaciones, a todas las imágenes que ha creado, a todas las experiencias; morir cada día para que las células mismas del cerebro se rejuvenezcan y sean lozanas, inocentes. Pero esa inocencia, esa frescura, esa cualidad de ternura y bondad no produce amor; ésa no es la cualidad de la belleza o del silencio.

Ese silencio, que no es el silencio del cese del ruido, es sólo un pequeño comienzo. Es como entrar por un estrecho agujero y salir a un enorme, extenso y vasto océano, a un estado inconmensurable y eterno. Pero usted no puede comprender esto verbalmente, a menos que haya comprendido toda la estructura de la consciencia y el significado del placer, del dolor y la desesperación, y las células cerebrales se hayan acallado. Entonces, tal vez usted llegue a dar con ese misterio que nadie puede revelarle y nada puede destruir. Una mente viva es una mente en calma, una mente viva es una mente sin centro y, por tanto, sin espacio ni tiempo. Una mente así es ilimitada, y esa es la única verdad, la única realidad.

15

La experiencia - La satisfacción
La dualidad - La meditación

Todos deseamos experiencias de algún tipo: la experiencia mística, la religiosa, la sexual; la experiencia de tener mucho dinero, poder, posición, dominio. Cuando envejecemos, puede ser que hayamos terminado con las exigencias de los apetitos físicos, pero entonces exigimos experiencias de mayor alcance, más profundas y significativas. Y ensayamos varios métodos para obtenerlas: ensanchar nuestra conciencia, por ejemplo, que es más bien un arte, o tomar diversas clases de drogas. Hay un viejo truco que ha existido desde tiempo inmemorial: masticar cierta clase de hojas, o experimentar con los últimos adelantos de la química, para producir una alteración temporal en la estructura de las células cerebrales, una mayor sensibilidad y una más intensa percepción que nos den una apariencia de realidad. Pero esta exigencia de tener cada vez más experiencias muestra la pobreza interior del hombre. Creemos que así podremos escapar de nosotros mismos, pero estas experiencias están condicionadas por lo que somos. Si la mente es mezquina, celosa, codiciosa, aunque tome la droga más reciente, sólo verá su propia y limitada creación, las limitadas proyecciones que emanan de su propio contenido condicionado.

La mayoría de nosotros ansiamos experiencias que nos satisfagan completamente, experiencias perdurables que no puedan ser destruidas por el pensamiento, de modo que tras estos reclamos de experiencia está el deseo de satisfacción, y este mismo deseo dicta la experiencia; por tanto, no sólo tenemos que comprender todo este asunto de la satisfacción, sino también lo que experimentamos. Se siente gran placer cuando se está bien satisfecho, y mientras más perdurable, extensa y profunda es la experiencia, más agradable es. Así pues, el placer dicta la forma de experiencia que requerimos, y es el placer la medida con que la valoramos. Lo que tiene medida está dentro de los límites del pensamiento y se presta para crear ilusión. Usted puede tener maravillosas experiencias y, sin embargo, estar por completo engañado. Inevitablemente sus visiones se acomodarán a su condicionamiento; verá al Cristo o al Buda, o aquel en quien crea, y mientras más vigorosa sea su capacidad para creer, más potentes serán sus visiones, las proyecciones de sus propios deseos y urgencias.

Por esta razón, si al buscar algo tan fundamental como la verdad, el placer es la medida, usted ya tiene proyectado lo que esa experiencia ha de ser, por lo cual deja de ser válida.

¿Qué es para nosotros la experiencia? ¿Hay algo nuevo u original en ella? La experiencia es una serie de recuerdos que responden a un reto, y sólo pueden responder de acuerdo con su contenido, y cuanto más hábil sea usted para interpretar la experiencia, más extensas serán las respuestas. Por tanto, usted tiene que cuestionar su propia experiencia, además de la del otro. Si no reconoce una experiencia, no es experiencia en absoluto. Y para reconocerla tiene que haber pasado por ella; de no ser así usted no la reconocería. Usted identifica una experiencia como buena, mala, hermosa, sagrada, etc., de acuerdo con su condicionamiento, de modo que el reconocerla así es inevitablemente un acto del pasado.

Cuando deseamos una experiencia de la realidad —como nos sucede a todos, ¿no es cierto?— para experimentarla, debemos conocerla, y tan pronto la reconocemos es que ya la habíamos proyectado y, por tanto, no es real, ya que está dentro del campo del pensamiento y del tiempo. Si el pensamiento puede pensar acerca de la realidad, ésa no puede ser la realidad. No podemos reconocer una nueva experiencia. Es imposible. Sólo reconocemos lo que ya hemos conocido; entonces, cuando afirmamos haber tenido una nueva experiencia, no es nueva en absoluto. El buscar más experiencias mediante la expansión de la consciencia, como se hace a través de las drogas psicodélicas, es un hecho que se halla dentro del campo de la consciencia y, por ello, muy limitado.

Así pues, hemos descubierto una verdad fundamental; o sea, que la mente que está buscando y anhelando una experiencia más extensa y profunda es una mente superficial y torpe, porque vive siempre de sus recuerdos.

Ahora bien, si no tuviéramos ninguna experiencia, ¿qué nos ocurriría? Dependemos de experiencias, de retos, para mantenernos despiertos. Si no hubiera conflictos dentro de nosotros, ni cambios, ni perturbaciones, estaríamos profundamente dormidos. Por esta razón los retos son necesarios para la mayoría de nosotros, pensamos que sin ellos la mente se volvería estúpida y torpe, y por eso dependemos de un reto, de una experiencia más excitante, más intensa, para que la mente llegue a ser más perspicaz. Pero de hecho, depender de estímulos y experiencias con el fin de mantenernos despiertos sólo sirve para entorpecer aún más la mente; en realidad, no nos mantienen despiertos. Entonces, yo me pregunto si me será posible permanecer totalmente despierto —no de manera superficial en unos cuantos aspectos de mi ser—, sino totalmente despierto, sin ningún reto o experiencia. Esto implica una gran sensibilidad, tanto física como psicológica; significa que debo estar libre de toda exigencia porque tan pronto anhelo algo, tendré la experiencia de ello. Y para estar libre de toda exigencia y satisfacción, necesito investigar dentro de mí mismo y comprender la naturaleza de la exigencia en su totalidad.

La exigencia nace de la dualidad: «Soy infeliz y debo ser feliz». Precisamente en esta exigencia de felicidad hay infelicidad. Cuando uno hace un esfuerzo por ser bueno, en esa misma bondad está su opuesto, la maldad. Toda aseveración contiene su opuesto, y el esfuerzo por vencer fortalece aquello contra lo cual se lucha. Cuando usted exige una experiencia de la verdad o de la realidad, esa exigencia nace de su descontento con lo que es, y así crea su opuesto. Y en lo opuesto está lo que ha sido. Por tanto, uno debe librarse de esta exigencia incesante; de otra manera no habrá salido del círculo de la dualidad. Es necesario, pues, conocerse uno mismo de manera tan completa que la mente ya no busque más.

Una mente así no exige experiencia alguna, no le interesa el reto, ni siquiera conocerlo; no dice: «Estoy dormida o despierta». Es plenamente lo que es. Sólo la mente superficial limitada y frustrada, la mente condicionada, está siempre buscando algo más. ¿Será posible, entonces, vivir en este mundo sin exigir más, sin esta interminable comparación? ¿Seguro qué sí? Pero hay que descubrirlo por uno mismo.

La investigación de todo este problema constituye la meditación. Esta palabra se ha usado, tanto en Oriente como en Occidente, de forma muy poco acertada. Hay distintas escuelas de meditación, diferentes métodos y sistemas. Hay sistemas que dicen: «Observe el movimiento de su dedo gordo del pie, obsérvelo, obsérvelo, obsérvelo». Hay otros sistemas que recomiendan sentarse en cierta postura, respirando con regularidad, o manteniéndose alerta como ejercicio. Todo esto es completamente mecánico. Otro método le da cierta palabra y le dice que si la pronuncia repetidamente tendrá una experiencia extraordinaria y trascendental. Esto carece de sentido. Es una forma de autohipnosis. Repitiendo Amén, u Om, o Coca-Cola indefinidamente, es obvio que tendrá usted una determinada experiencia, porque la repetición calma la mente. Es un fenómeno bien conocido y que se ha practicado durante miles de años en la India; se llama

Mantra-Yoga. Con la repetición usted puede inducir a la mente para que sea amable y tolerante, pero seguirá siendo una mente frívola, insignificante y mediocre. Igualmente podría usted recoger un palito del jardín, colocarlo sobre la chimenea y poner ante él una flor todos los días. Al cabo de un mes, usted estaría adorándolo y llegaría a ser un pecado no ponerle delante la flor.

La meditación no consiste en seguir sistema alguno, en imitar y repetir constantemente. La meditación no es concentración. Una de las tácticas favoritas de algunos maestros de meditación es insistir en que sus discípulos aprendan a concentrarse; es decir, fijar la mente en un pensamiento, rechazando los demás. Pero esta es la práctica más estúpida y desagradable que cualquier escolar puede seguir sólo porque se le impone. Eso significa que usted está librando continuamente una batalla: insistiendo, por un lado, en que debe concentrarse y, por otro, su mente está divagando en todo género de cosas. Al contrario, usted debe estar atento a cualquier movimiento de la mente por dondequiera que vague. Cuando su mente se distrae es porque está interesada en otra cosa.

La meditación requiere una mente asombrosamente alerta. Meditar es comprender la totalidad de la vida en la cual ha cesado toda forma de fragmentación. La meditación no es el control del pensamiento, porque si éste se controla, engendra conflicto en la mente. Pero cuando usted comprende la estructura y origen del pensamiento, de lo cual ya hemos hablado, entonces el pensamiento no interferirá. Esa misma comprensión de la estructura del pensamiento es su propia disciplina, es meditación.

La meditación consiste en darse cuenta de cada pensamiento y de cada sensación, sin decir nunca que está bien o mal, sino sólo observarlo y avanzar con él. En esa observación usted comienza a comprender todo el movimiento del pensar y del sentir. Y de ese estado de atención emana el silencio. El silencio que es resultado del pensamiento es estancamiento, es muerte. Pero el silencio que surge cuando el pensamiento ha comprendido su propio origen y su verdadera naturaleza, y el hecho de nunca haber sido libre sino siempre viejo, este silencio es meditación en la cual el meditador está ausente por completo, porque la mente se ha vaciado a sí misma del pasado.

Si usted ha leído este libro durante toda una hora con atención, eso es meditación. Si sólo se ha quedado con unas cuantas palabras y ha reunido algunas ideas para pensar en ellas más tarde, entonces eso ya no es meditación. La meditación es un estado de la mente que observa todas las cosas con atención completa, totalmente, no sólo algunas partes. Y nadie puede enseñarle cómo estar atento. Si lo aprende de algún sistema, usted estará atento al sistema, pero eso no es atención. La meditación es una de las artes más admirables de la vida, quizás la más grande, y no es posible aprenderla de nadie; en eso consiste su belleza. No tiene técnica y, por tanto, tampoco autoridad. Cuando usted aprende a conocerse, se observa, observa su forma de caminar, de comer, de hablar, la murmuración, el odio, los celos; si se da cuenta de todo eso que ocurre dentro de usted, sin elección alguna, eso es parte de la meditación.

Así pues, la meditación puede realizarse mientras viaja en autobús, o cuando camina por los bosques llenos de luces y sombras, o escucha el canto de los pájaros, o mira el rostro de su esposa o el de su hijo.

Cuando se comprende la meditación, hay amor, y el amor no es producto de sistemas, de hábitos, de métodos. El amor no puede ser cultivado por el pensamiento. El amor puede tal vez nacer del silencio absoluto, un silencio en el que el meditador está ausente por completo. Y la mente sólo puede estar silenciosa cuando comprende su propia actividad en forma de pensamiento y sensación. Para comprender esta actividad no se la debe condenar mientras se observa. Observar de esta manera es disciplina, y esa clase de disciplina es libre, fluida, no es la disciplina del conformismo.

16

La revolución total - La mente religiosa
La energía - La pasión

Desde el principio de este libro nos ha movido el interés de provocar en nosotros mismos, y por tanto en nuestras vidas, una revolución total que nada tiene que ver con la estructura de la sociedad tal como es. La sociedad se ha convertido en una cosa horripilante con sus continuas guerras de agresión, ya sea la agresión defensiva u ofensiva. Lo que necesitamos es algo totalmente nuevo: una revolución, una mutación en la psique misma. No es posible que el viejo cerebro pueda resolver los problemas humanos de relación. El viejo cerebro es asiático, europeo, americano o africano; por ese motivo nos preguntamos si seremos capaces de llevar a cabo una mutación de las células de ese cerebro.

Ahora que hemos llegado a comprendernos mejor, nos volvemos a preguntar si será posible para un ser humano, que vive una vida rutinaria en este mundo brutal, violento y despiadado —un mundo que se vuelve cada vez más eficiente y, por tanto, cada vez más cruel—, si será posible para él provocar una revolución no sólo en sus relaciones exteriores, sino también en todo el campo de sus pensamientos, sentimientos, acciones y reacciones.

Diariamente vemos o leemos acerca de las cosas aterradoras que ocurren en el mundo como resultado de la violencia del hombre. Usted quizá diga que nada puede hacer, o bien se pregunte si puede influir en el mundo. Yo creo que sí puede influir, y de una manera muy importante, si en su interior no es violento, si cada día lleva usted verdaderamente una vida pacífica, una vida sin competitividad, sin ambición ni envidia, una vida que no cree enemistad. Los pequeños fuegos pueden volverse una hoguera.

Nosotros hemos reducido la Tierra a su presente estado de caos por nuestra actividad egocéntrica, por nuestros prejuicios, nuestros odios, nuestro nacionalismo, y cuando decimos que nada podemos hacer estamos aceptando el desorden en nosotros mismos como inevitable. Hemos dividido el mundo en fragmentos, y si nosotros mismos estamos divididos, fragmentados, también lo estarán nuestras relaciones con el mundo. Pero si al hacer algo, actuamos de una manera total, entonces nuestras relaciones con el mundo sufrirán una tremenda revolución.

Después de todo, cualquier movimiento que valga la pena, cualquier acción que tenga un profundo significado, debe empezar en cada uno de nosotros. Yo debo cambiar primero, debo ver cuál es la naturaleza y la estructura de mi relación con el mundo, y precisamente en el ver mismo está el actuar; por tanto, yo, como ser humano que vivo en el mundo, genero una cualidad diferente, que es, me parece a mí, la cualidad de la mente religiosa.

La mente religiosa es por completo distinta a la mente que cree en la religión. Usted no puede ser religioso cuando es hindú, musulmán, cristiano o budista. Una mente religiosa no busca nada, no puede experimentar con la realidad. La verdad no es algo que a usted le dictan su placer o su dolor, o su condicionamiento de hindú o de cualquier otra religión a la que pertenezca. La mente religiosa es un estado en que no hay temor y, por tanto, ninguna creencia; sólo hay lo que es, lo que realmente es.

En la mente religiosa existe ese estado de silencio que ya hemos examinado antes y que no es producto del pensamiento, sino resultado de la atención, que es meditación cuando el meditador está totalmente ausente. En ese silencio hay un estado de energía sin conflicto. La energía es acción y movimiento. Toda acción es movimiento, y toda acción es energía. Toda la vida es energía. Si a esa energía se le permite fluir sin contradicción, sin fricción, sin ningún conflicto, entonces será inmensa, inagotable. Sin fricción no hay fronteras para la energía. Es la fricción la que la limita. ¿Por qué entonces, viendo esto, el ser humano introduce la fricción en la energía? ¿Por qué crea fricción en este movimiento al que llamamos vida? ¿Es la energía pura, la energía sin limitaciones, simplemente una idea para él? ¿No tiene realidad?

Necesitamos energía no sólo para provocar una revolución total en nosotros mismos, sino también para investigar, para observar, para actuar. Y mientras haya fricción de algún tipo en cualquiera de nuestras relaciones, ya sea entre los esposos, entre los hombres, entre las comunidades, entre los países, entre las ideologías —si hay fricción interna, o conflicto externo de alguna forma, por sutil que pueda ser—, habrá desperdicio de energía.

Siempre que hay un intervalo de tiempo entre el observador y lo observado se crea fricción y, por tanto, se malgasta energía. Esa energía se eleva a su punto más alto, cuando el observador es lo observado, donde no hay intervalo de tiempo en absoluto. Entonces habrá energía sin motivación, y ésta descubrirá su propio canal de acción, porque entonces el «yo» no existe.

Necesitamos una tremenda cantidad de energía para comprender la confusión en que vivimos, y el estar convencido de que «tengo que comprender» produce la vitalidad para investigar. Pero la búsqueda, la investigación, implica tiempo, y como hemos visto el desacondicionamiento gradual de la mente no es el camino. El tiempo no es el medio. Ya seamos viejos o jóvenes, es ahora cuando el proceso total de la vida puede llevarse a una dimensión diferente. Buscar lo opuesto de lo que somos tampoco es el medio, ni lo es la disciplina artificial impuesta por un sistema, un maestro, un filósofo o un sacerdote. Todo eso es muy infantil. Cuando nos damos cuenta de esto, nos preguntamos si será posible abrirse paso inmediatamente a través de este pesado condicionamiento de siglos sin entrar en otro condicionamiento, ser libres para que la mente pueda ser del todo nueva, sensible, viva, alerta, apasionada, capaz. Ese es nuestro problema. No hay otro, porque cuando la mente llega a ser nueva puede afrontar cualquier problema. Esa es la única pregunta que tenemos que formularnos.

Pero no preguntamos. Deseamos información. Una de las cosas más curiosas de la estructura de nuestra psique es que todos queremos que se nos dé información porque somos el resultado de diez mil años de propaganda. Queremos que otra persona confirme y corrobore lo que pensamos; sin embargo, la pregunta sólo es auténtica cuando uno se la hace a sí mismo. Lo que yo digo tiene muy poco valor; usted lo olvidará una vez cierre este libro, o recordará y repetirá ciertas frases, o comparará con lo que ha leído en otros libros, pero no se enfrentará a su propia vida. Y esto es lo único que importa: su vida, usted mismo, su pequeñez, su superficialidad, su brutalidad, su violencia, su codicia, su ambición, su sufrimiento diario y su dolor interminable. Esto es lo que tiene que comprender, y nadie en la Tierra o en el cielo lo va a hacer por usted, sino usted mismo.

Al ver todo lo que ocurre en su vida diaria, en sus actividades cotidianas, cuando toma una pluma para escribir, cuando habla, cuando sale a dar un paseo, cuando camina solo por los bosques, ¿puede usted en un instante, con una mirada, conocerse sencillamente tal como es? Cuando usted se conoce tal como es, entonces comprende en su totalidad el carácter de los esfuerzos del hombre, sus decepciones, sus hipocresías, sus búsquedas. Para conseguirlo tiene que ser tremendamente sincero con usted mismo, desde el principio hasta el fin de su vida. Cuando actúa conforme a sus principios, ya no es sincero, porque está actuando según lo que piensa que debe ser, y no según lo que es. El tener ideales, creencias o principios es algo brutal, porque no se puede ver uno a sí mismo directamente. Entonces, ¿puede usted mantenerse en actitud de abandono total, de calma total, sin pensar ni temer, mientras está, sin embargo, extraordinaria y apasionadamente vivo?

Ese estado mental en que uno es ya incapaz de esforzarse por nada, es la verdadera mente religiosa, y en tal estado usted puede encontrarse con lo que se llama verdad o realidad o bienaventuranza o Dios o belleza o amor. Pero eso no podemos buscarlo. Por favor, comprenda este sencillo hecho. No podemos buscarlo, no podemos perseguirlo, porque la mente es bastante tonta, bastante limitada; sus emociones son de lo más rastrero, su modo de vivir demasiado confuso para recibir eso tan enorme, eso tan inmenso en su pequeña casa, en su pequeño rincón de vida, que ha sido tan atropellado y menospreciado. Usted no puede buscarlo. Podría hacerlo si lo conociera, pero usted no lo conoce. Cualquiera que diga, sea quien sea, que lo conoce, en realidad no lo conoce. Cuando usted dice que lo ha encontrado, no lo ha encontrado. Si afirma que lo ha conocido por experiencia, no puede haberlo conocido. Todos esos son medios de explotar a otra persona: su amigo o su enemigo.

Uno se pregunta entonces si será posible encontrarse con eso sin buscarlo, sin esperarlo, sin tratar de encontrarlo o investigarlo, que llegue simplemente como una fresca brisa que entra cuando usted deja la ventana abierta. Usted no puede buscar el aire, sino que tiene que dejar la ventana abierta. No quiere decir que se quede en estado de expectación; esa es otra forma de engaño. Tampoco quiere decir que se tenga que abrir a sí mismo para recibir; esa es también otra clase de pensamiento.

¿Se ha preguntado alguna vez por qué carecen de esto los seres humanos? Ellos tienen hijos, tienen sexo, ternura, la capacidad de compartir algo en compañía, en amistad, en hermandad, pero eso ¿por qué no lo tienen? ¿Se le ha ocurrido alguna vez, mientras caminaba solo por una calle sucia o sentado en un autobús o en la playa en un día de fiesta, o paseando por un bosque entre pájaros, árboles, arroyos y otros animales, se le ha ocurrido preguntarse por qué el hombre, que ha vivido durante millones y millones de años, no tiene eso…, eso que es una flor extraordinaria que nunca se marchita?

Por qué usted, que como ser humano es tan capaz, tan ingenioso, tan astuto, tan hábil en la competitividad, que posee tan maravillosas tecnologías; que se eleva a los cielos y baja a las profundidades de la tierra y del mar, e inventa extraordinarios cerebros electrónicos, ¿por qué no ha conseguido esa única cosa que importa? No sé si usted alguna vez se ha enfrentado seriamente a la cuestión de por qué su corazón está vacío.

¿Cuál sería su respuesta si se formulara esta pregunta a sí mismo; su respuesta directa, sin ningún tipo de subterfugio o astucia? Su contestación estaría de acuerdo con el apasionamiento y la urgencia de la pregunta. Pero en usted no hay apasionamiento ni urgencia porque carece de energía, la energía que es pasión —y no podrá encontrar ninguna verdad sin pasión—, pasión apoyada por un entusiasmo exaltado, pasión tras la cual no se oculta el deseo. La pasión es algo más bien alarmante, porque si usted tiene pasión no sabe a dónde le llevará.

Así, tal vez sea el temor el motivo por el cual no ha conseguido la energía de esa pasión, que es necesaria para descubrir por usted mismo por qué carece de esta cualidad del amor, por qué no arde esta llama en su corazón. Si ha examinado con cuidado su mente y corazón, hallará la respuesta. Si es apasionado en su intento de descubrir por qué no lo ha conseguido, sabrá que está ahí. Sólo a través del abandono total, que es la más alta forma de pasión, surge el amor. Como sucede con la humildad, no se puede cultivar el amor. La humildad nace de una carencia total de presunción. Nunca se sabe lo que es ser humilde. El hombre que sabe lo que es tener humildad es un hombre vano. De la misma forma, cuando usted pone su mente, su corazón, sus nervios, sus ojos, todo su ser para encontrar el camino de la vida, para ver lo que es realmente, y logra trascenderlo, y rechaza completa y totalmente la vida que vive ahora, de ese mismo rechazo de lo horrible, de lo brutal, surge lo otro. Pero usted nunca lo sabrá, por cierto. Un hombre que sabe que está en silencio, o que sabe que ama, no sabe lo que es el amor o lo que es el silencio.

El legado que Jiddu Krishnamurti dejó en sus *enseñanzas* forma parte de la responsabilidad de las Fundaciones creadas como iguales por él, con el propósito de preservar la integridad de lo que él expresó durante muchos años y en diferentes lugares del mundo.

Las siguientes Fundaciones creadas por J. Krishnamurti son las únicas instituciones responsables de la preservación y difusión de sus enseñanzas:

Krishnamurti Foundation Trust (KFT)
(www.kfoundation.org - email: kft@brockwood.org.uk)

Krishnamurti Foundation of America (KFA)
(www.kfa.org - email: kfa@kfa.org)

Krishnamurti Foundation India (KFI)
(www.kfionline.org - email: kfihq@md2.vsnl.net.in)

Fundación Krishnamurti Latinoamericana (FKL)
(www.fkla.org - email: fkl@fkla.org)

Estas Fundaciones se responsabilizan y garantizan la autenticidad e integridad de los contenidos de todas las publicaciones realizadas por ellas, -libros, videos, casetes, DVD, etc. Para cualquier duda o consulta rogamos contactar con cualquiera de estas Fundaciones.

OTROS TÍTULOS DEL AUTOR

SOBRE EL MIEDO
Cómo el miedo y la dependencia afectan nuestras vidas

J. K%RISHNAMURTI

Sobre el miedo es una selección de las observaciones y reflexiones más profundas de cómo el miedo y la dependencia afectan nuestras vidas. Entre las muchas preguntas que Krishnamurti plantea en estas sorprendentes enseñanzas están: «¿Cómo puede amar una mente que tiene miedo? ¿Qué puede saber de felicidad una mente que depende del apego?».

EL LIBRO DE LA VIDA
Meditaciones diarias

J. K%RISHNAMURTI

El Libro de la Vida destila toda la capacidad y sabiduría de este extraordinario maestro, capaz de elevarnos a unos niveles de comprensión y claridad de pensamiento difíciles de acceder sin el estímulo poderoso de su profunda sabiduría y espiritualidad..

DARSE CUENTA
La puerta de la inteligencia

J. K%RISHNAMURTI

Solo cuando tengamos la valentía suficiente para explorar nuestros lados oscuros descubriremos el poder infinito de nuestra luz. Este notable libro trata de ese viaje que es nuestra vida.